北京市教育委员会学科建设—重点学科项目

青少年自行车运动员身体运动功能训练指导手册

陈亚中 著

人民体育出版社

图书在版编目（CIP）数据

青少年自行车运动员身体运动功能训练指导手册 / 陈亚中著. -- 北京：人民体育出版社, 2024
ISBN 978-7-5009-6451-3

Ⅰ.①青… Ⅱ.①陈… Ⅲ.①青少年—自行车运动—运动训练—手册 Ⅳ.①G872.32-62

中国国家版本馆CIP数据核字(2024)第079729号

*

人 民 体 育 出 版 社 出 版 发 行
北京明达祥瑞文化传媒有限责任公司印刷
新　华　书　店　经　销

*

710×1000　16开本　10.5印张　202千字
2024年10月第1版　2024年10月第1次印刷

*

ISBN 978-7-5009-6451-3
定价：72.00元

社址：北京市东城区体育馆路8号（天坛公园东门）
电话：67151482（发行部）　　　　邮编：100061
传真：67151483　　　　　　　　　邮购：67118491
网址：www.psphpress.com
（购买本社图书，如遇有缺损页可与邮购部联系）

前　言

　　自行车运动在我国有着广泛的群众基础。自行车既是一般的交通工具，也是一种运动器材。当今全民健身的热情不断高涨，人们的健身意识在逐步提高，都在积极地寻找各种健身的途径，自行车运动越来越受到青睐。自行车运动员骑行过程中需要通过对蹬踏板施加力，来克服人车前进过程中与地面的摩擦力和空气阻力。在短暂骑行中自行车运动员的力量素质，表现为下肢需要快速力量耐力，在长程骑行中需要肌肉耐力；上肢则需要双臂拉的静力性力量。快捷的蹬踏动作依赖下肢肌肉紧张协调交替收缩，从而保证不降低工作效率；下肢蹬踏与上肢拉把的同时，还要保持好头部与躯干的稳定，保证力量的传递。因此，上下肢与核心力量素质的好坏，在很大程度上决定自行车运动员的成绩。

　　国家自行车队为备战2016年里约奥运会，聘请了美国身体运动功能训练的专家团队进行相关体能训练。身体运动功能训练是为了职业体育需要而发展起来的一项新型训练理论与方法。从训练内容体系来看，身体运动功能训练涵盖了FMS测试、SFMA、Y-BALANCE测试、软组织唤醒、肌肉-神经系统激活、脊柱力量准备、动作准备、快速伸缩复合练习、动作技能、速度与多方向移动、力量与旋转爆发力、能量系统发展、再生与恢复等。

　　在实践中，身体运动功能训练主要是通过动作模式训练来实现的。动作模式是在神经系统支配下，肌肉、筋膜及关节系统共同对预先储存在人脑中相应的中枢动作编码并进行程序执行的过程，其过程按照动作时空顺序连续且有序完成。神经肌肉系统和动力链、核心支柱是形成正确动作模式的重要环节。合理的动作模式可使训练效益最大化地迁移至专项技术，有效预防损伤，提高运动能力。动作模式承载着运动素质和技术，并最终决定运动表现力。对于自行车运动员而言，通过动作模式训练，可以有效促进身体姿态的改善，提高髋关节灵活性、核心脊柱力量及蹬踏的动力链传递效率，并且可以有效地预防伤病，提高运动员专项体能的储备。

在2011年到2016年备战里约奥运会期间，根据国家体育总局的要求，首都体育学院的部分教师及研究生相继被借调到各优势项目的国家队，与美国身体运动功能训练专家并肩对国家队运动员进行身体运动功能训练。本书作者曾是国家队身体运动功能训练团队的成员，从事国家自行车队短组体能训练工作。在服务国家自行车队期间，不仅为提高运动员的专项竞技能力、预防运动损伤提供了训练服务，而且还为本书的撰写工作打下了坚实的基础。

青少年身体运动功能训练是首都体育学院国家特殊需求博士人才培养项目。本书为学校研究生部的统一规划，属于"北京市教育委员会学科建设—重点学科项目"，得到了北京市教委的资助。

目 录

第一章　青少年自行车运动员身体运动功能筛查与分析……………（1）

　　第一节　FMS测试………………………………………………（1）
　　　　一、FMS测试简介……………………………………………（1）
　　　　二、FMS测试内容与标准……………………………………（2）
　　第二节　SFMA（选择性功能筛查）……………………………（12）
　　　　一、SFMA简介………………………………………………（12）
　　　　二、SFMA测试内容与标准…………………………………（13）
　　第三节　Y-平衡测试……………………………………………（16）
　　　　一、Y-平衡测试简介…………………………………………（16）
　　　　二、Y-平衡测试（上肢）内容与标准………………………（16）
　　　　三、Y-平衡测试（下肢）内容与标准………………………（18）
　　第四节　基本生理指标与身体素质测试…………………………（21）
　　　　一、基本生理指标测试………………………………………（21）
　　　　二、身体素质测试……………………………………………（23）

第二章　青少年自行车运动员动作模式分析………………………（30）

　　第一节　青少年自行车运动员技术特点…………………………（30）
　　　　一、基本骑行姿势与技巧……………………………………（30）
　　　　二、青少年自行车运动员身体基本功能与动作……………（34）
　　第二节　青少年身体运动功能训练的动作模式分类……………（38）
　　　　一、动作模式的概念…………………………………………（38）

二、动作模式分类 …………………………………………………（38）
三、双侧训练与单侧训练 …………………………………………（39）
四、青少年身体运动功能训练的基本姿势 ………………………（40）

第三章　青少年自行车运动员上肢动作模式 ………………………（45）

第一节　上肢推动作模式 ……………………………………………（45）
一、杠铃推 …………………………………………………………（45）
二、哑铃与壶铃交替推 ……………………………………………（49）
三、其他形式的推 …………………………………………………（52）

第二节　上肢拉动作模式 ……………………………………………（54）
一、杠铃拉 …………………………………………………………（54）
三、哑铃与壶铃拉 …………………………………………………（57）
四、其他形式的拉 …………………………………………………（60）

第四章　青少年自行车运动员下肢动作模式 ………………………（62）

第一节　下肢推动作模式 ……………………………………………（62）
一、杠铃推 …………………………………………………………（62）
二、哑铃与壶铃推 …………………………………………………（64）
三、其他形式的推 …………………………………………………（66）

第二节　下肢拉动作模式 ……………………………………………（68）
一、杠铃拉 …………………………………………………………（68）
二、哑铃与壶铃拉 …………………………………………………（69）
三、其他形式的拉 …………………………………………………（70）

第五章　青少年自行车运动员躯干支柱训练动作模式 ……………（73）

第一节　肩部动作模式 ………………………………………………（73）
一、徒手 ……………………………………………………………（73）
二、器材 ……………………………………………………………（74）

第二节　颈部动作模式 …………………………………………（ 76 ）
　　一、徒手 …………………………………………………（ 76 ）
　　二、器材 …………………………………………………（ 77 ）
第三节　髋关节动作模式 ………………………………………（ 79 ）
　　一、徒手 …………………………………………………（ 79 ）
　　二、器材 …………………………………………………（ 81 ）
第四节　支柱整体动作模式 ……………………………………（ 82 ）
　　一、徒手 …………………………………………………（ 82 ）
　　二、瑞士球 ………………………………………………（ 89 ）
　　三、其他器械 ……………………………………………（ 93 ）

第六章　青少年自行车运动员全身力量动作模式 ……………（ 98 ）

第一节　全身推动作模式 ………………………………………（ 98 ）
　　一、杠铃推 ………………………………………………（ 98 ）
　　二、哑铃或壶铃推 ………………………………………（100）
　　三、其他形式的推 ………………………………………（103）
第二节　全身拉动作模式 ………………………………………（106）
　　一、杠铃拉 ………………………………………………（106）
　　二、哑铃或壶铃拉 ………………………………………（109）
　　三、其他形式的拉 ………………………………………（111）

第七章　青少年自行车运动员损伤预防与恢复再生动作模式 ……（113）

第一节　肌筋膜的激活与放松 …………………………………（113）
　　一、泡沫轴的激活与放松 ………………………………（113）
　　二、扳机点刺激 …………………………………………（117）
第二节　臀部激活练习 …………………………………………（119）
　　一、徒手系列 ……………………………………………（120）
　　二、迷你带系列 …………………………………………（122）

第三节　动态拉伸……………………………………………（126）
　　一、下肢为主的拉伸…………………………………………（126）
　　二、核心区为主的拉伸………………………………………（127）
第四节　快速伸缩复合练习…………………………………（130）
　　一、摆臂下蹲…………………………………………………（130）
　　二、运动准备姿+起跳+运动准备姿支撑……………………（131）
　　三、运动准备姿+起跳+单腿运动准备姿支撑………………（131）
　　四、单腿运动准备姿+起跳+同侧单腿运动准备姿支撑……（132）
第五节　神经激活……………………………………………（133）
　　一、快速双脚前后跳…………………………………………（133）
　　二、快速2厘米碎步跑………………………………………（134）
　　三、运动准备姿快速转髋跳…………………………………（134）

第八章　青少年自行车运动员身体运动功能训练计划……（136）

第一节　训练课的安排………………………………………（136）
　　一、准备部分安排……………………………………………（136）
　　二、基本部分安排……………………………………………（140）
　　三、结束部分安排……………………………………………（146）
第二节　训练计划示例………………………………………（147）
　　一、课的不同部分设计示例…………………………………（147）
　　二、训练课示例………………………………………………（150）
　　三、小周期训练计划示例……………………………………（153）

参考文献……………………………………………………（156）

致谢…………………………………………………………（157）

第一章
青少年自行车运动员身体运动功能筛查与分析

> 身体运动功能测试是训练的起点。测试主要有功能性测试,如FMS、SFMA、Y-平衡测试等,还有一般生理指标测和身体素质测试等。通过对测试结果的分析,可找出目前受试者存在的问题,针对问题制订合理的训练计划。

第一节 FMS测试

一、FMS测试简介

FMS是"Functional Movement Screen"的简称,翻译过来为功能性运动筛查。该测试由美国矫形和训练专家格雷·库克(Gray Cook)等人设计,是旨在发现人体基本动作模式障碍或缺陷,并广泛应用于美国职业运动员能力评估的一种测试方法。相比于其他运动能力测试,FMS测试具有操作简单和结果量化的特点。

FMS测试由7个基本动作模式测试组成,包括深蹲、跨栏架、直线弓步、肩部灵活性、主动举腿、稳定性俯卧撑和身体旋转稳定性测试。其中跨栏架、直线弓步、肩部灵活性、主动举腿和身体旋转稳定性5个动作测试分为左右测试;肩部灵活性、稳定性俯卧撑和身体旋转稳定性测试附有3个伤病排查动作。这些动作模式的完成都是将身体置于一种特别设计的位置,以暴露身体在灵活性和稳定性方面存在的缺陷和不对称。这些缺陷和不对称直接影响人体动作完成和动力传递的有效性和流畅性。

这7个基本动作模式是构成体育运动功能动作的基础,能够将所有体育项目动作基础形式统一起来。正是因为代表了人体的基本运动方式,FMS测试成为评价人体"自由"运动的一种方法，这种"自由"是没有缺陷和限制，没有动作代偿，没有相对性不对称。与此相反，在康复和训练领域中，人们最常犯的错误是舍本求末，忽视人体基本运动方式的灵活性和稳定性，过早地进入专项动作的练习。

事实证明，一些高水平的运动员并不能很好地完成这些基本动作，他们在完成这些动作过程中出现了一些代偿性动作，这些代偿性动作破坏了动作的有效性，导致力量传递的丧失和能量传递的损耗。这些代偿动作的一两次重复不会对运动系统造成伤害，但是在长年累月的重复中，这些代偿动作很可能为损伤的出现埋下隐患。

FMS测试的每个测试动作根据完成情况分别可评为3分、2分、1分和0分，3分对应的是按标准完成测试动作，2分对应的是在出现代偿的前提下完成动作，1分对应的是不能完成动作，0分对应的是测试过程中出现疼痛。

二、FMS测试内容与标准

（一）深蹲

1. 测试目的

深蹲可以检测身体两侧的对称性，髋部、膝盖及脚踝的灵活性；头上双手举横杆可以检测身体两侧的对称性，以及肩部和胸椎的灵活性与对称性。

2. 所需器材

FMS测试仪或轻质棍子替代横杆、木板。

3. 测试说明

双脚开立与肩同宽，双手头上握杆，屈肘90°，上臂和横杆与地面平行。双手抓横杆在头后最大限度伸直手臂上举。运动员慢慢做下蹲姿势。下蹲过程中，脚后跟不要离地（如果无法实现，可在脚跟下垫一块木板），抬头挺胸向前，横杆始终在头顶上方。有3次机会完成测试动作。（图1-1-1）

图 1-1-1　深蹲

4. 评分标准

3分：上身与胫骨平行或与地面接近垂直；股骨低于水平线；膝与脚成一条直线；横杆在脚的正上方。

2分：不能完全满足以上条件，但仍能完成动作，或在足跟下加垫木板的前提下能完成动作。

1分：躯干与胫骨不平行；股骨没有低于身体水平线；膝与脚不成一条直线；腰部明显弯曲。

0分：测试过程中身体任何部位出现疼痛。

5. 测试分析

深蹲需要闭链中踝关节、膝关节和髋关节的屈曲能力，以及胸椎的伸展能力和肩关节的外展能力。

不能完成测试的原因可能有以下几点：肩关节和胸椎的灵活性差会使躯干上部的灵活性受限；闭链中若脚踝和髋关节屈曲能力较差同样也会影响下肢的灵活性。

（二）跨栏架

1. 测试目的

跨栏架可以检测髋、膝、踝的对称性、灵活性和稳定性。

2. 所需器材

FMS测试仪或轻质棍子替代横杆、木板。

3. 测试说明

双脚开立与肩同宽。使用皮筋作为栏杆，设置在受试者小腿胫骨粗隆高度。横杆放于颈后肩上，双脚平行站在栏架前下，脚趾处于栏架正下方，受试者单腿跨过栏杆，腿伸直，脚后跟轻触地，重心仍在后支撑腿上，支撑腿不能弯曲，然后回到起始姿势，动作过程要缓慢。换另一侧进行测试，每侧做3次。记录每次单侧完成情况并比较两侧之间的差异。（图1-1-2）

图1-1-2 跨栏架

4. 评分标准

3分：髋、膝、踝在矢状面上呈一条直线；髋关节保持水平；横杆与栏架保持平行。

2分：髋、膝、踝在矢状面上不呈一条直线；髋关节有一定的晃动；横杆与栏架不平行。

1分：脚碰到栏板；身体失去平衡。

0分：测试过程中身体任何部位出现疼痛。

5. 测试分析

跨栏架的动作可以检测支撑腿踝关节、膝关节和髋关节的稳定性，以及髋关节闭链中的伸展能力。这个测试同样也需要腿开链中踝关节、膝关节和髋关节的伸展能力，以及单腿站立的平衡能力。

不能完成测试可能有如下原因：支撑腿的稳定性较差、跨步腿的灵活性差；当一条腿保持髋关节伸展的状态时，另一条腿要最大限度屈曲髋关节，这就需要运动员髋关节的相对的非对称的灵活性，这一点是非常重要的。

（三）直线弓步

1. 测试目的

直线弓步可以检测身体两侧的灵活性和稳定性，以及踝关节和膝关节的稳定性。

2. 所需器材

软尺、FMS测试仪或轻质棍子（横杆）、木板。

3. 测试说明

测试者首先测量受试者胫骨的长度并在木板上按其长度前后做两个标记。受试者将右脚放在测试板后端，脚趾位于木板后标记处，同时将横杆放在背后，保持始终接触头、胸椎和骶骨，左手在上抓住横杆，右手在下抓住横杆底部。其后，受试者左脚向前迈一步将脚后跟放在木板前标记处。受试者慢慢下蹲，右膝碰触左脚后的木板（前腿膝关节不可主动前倾）。在测试过程中双脚必须在一条直线上，脚尖指向运动方向。每边有控制地做3次练习。比较单侧完成情况及两侧间差异。（图1-1-3）

图1-1-3　直线弓步

4. 评分标准

3分：横杆仍保持与头、腰椎或骶骨接触；躯干没有明显晃动；横杆和双脚仍处于同一矢状面；膝盖接触木板。

2分：横杆不能保持与头、腰椎或骶骨接触；躯干有明显晃动；两脚没有处于同一矢状面；膝盖不能接触木板。

1分：身体失去平衡。

0分：测试过程中身体任何部位出现疼痛。

5. 测试分析

直线弓步主要是检测支撑腿脚踝、膝盖、髋关节的稳定性，以及髋关节闭链中外展的能力。直线弓步同样也测试髋关节及踝关节的屈曲能力。在测试过程中需要运动员有良好的平衡能力。

不能完成测试可能有如下原因：双腿髋关节的灵活性差；弓步测试时支撑腿脚踝和膝关节的稳定性不够；髋关节外展与内收的能力较弱时可能会导致身体不平衡；支撑腿的股直肌太紧张。

（四）肩部灵活性

1. 测试目的

肩部灵活性测试主要检测肩关节内收内旋和外展外旋的能力，以及两侧的对称性。

2. 所需器材

软尺或FMS标尺横杆。

3. 测试说明

测试者首先测量受试者手腕最远端折线到中指指尖的长度（一个手掌长），受试者双手始终握拳（大拇指在内），肩部最大限度外展内旋，一手从颈后、一手从腰部相向靠近。测量受试者双拳之间的距离。每边各做3次。比较单侧完成情况及两侧间差异。（图1-1-4）

图1-1-4　肩部灵活性

4. 评分标准

3分：距离为一个手掌长以内。

2分：距离为一到一个半手掌长。

1分：距离超出一个半手掌长。

0分：测试过程中身体任何部位出现疼痛。

5. 测试分析

肩部灵活性测试主要是检测肩关节外展外旋、内收内旋的综合活动能力。

不能完成测试可能有如下原因：头上投掷运动员外展能力是通过减小肩关节内收能力来实现的；胸小肌和背阔肌的过度发展或紧张容易使肩部向前或绕环时动作变形；肩部的功能障碍可能是由肩关节灵活性差引起的。

6. 排查动作

受试者将左手放在对侧肩上，保持手掌和肩的接触，然后尽可能抬高肘关节。观察该动作过程中是否出现疼痛，然后测试另一侧。在肩关节灵活性测试后进行，不评分，产生疼痛记录表上记录为疼痛（P），之前测试分数无论多少分，都算0分。（图1-1-5）

图1-1-5 肩部灵活性排查动作

（五）主动举腿

1. 测试目的

主动举腿测试是当骨盆保持在固定位置时，检测腘绳肌的主动收缩能力和小腿肌肉的柔韧性。

2. 所需器材

FMS测试仪或标尺横杆、木板、练习垫。

3. 测试说明

测试者仰卧姿，手放在身体两侧，掌心向下，在受试者膝关节下放置测试板。

测试者首先确定受试者髂前上棘到膝盖骨的中点，在此位置垂直立起标尺。受试者抬起左腿，伸直膝关节，勾脚尖。在测试过程中，受试者右腿腘窝（膝关节下方）始终紧贴测试板，双肩保持在垫子上。当受试者测试动作到最大限度时，从踝关节中点向地面做垂线，并记录垂线相对于右腿上的位置。每边做3次。比较单侧完成情况及两侧间差异。（图1-1-6）

图1-1-6　主动举腿

4. 评分标准

3分：标记点位于大腿中点与髂前上棘间。

2分：标记点位于大腿中点于膝关节中点间。

1分：标记点在膝关节以下。

0分：测试过程中身体任何部位出现疼痛。

5. 测试分析

主动举腿测试可以检测腘绳肌的柔韧性，而这种柔韧性是运动员真正在训练和比赛中所需要的柔韧性。相对于被动柔韧性，这种主动柔韧性是更需要发展的，而且需要运动员髂腰肌的柔韧性和下腹部的稳定性。

不能完成测试可能有如下原因：运动员的腘绳肌柔韧性太差；髂腰肌紧张会使骨盆前倾，进而导致髋部的灵活性变差，如果这种局限性明显的话，那么腘绳肌就不能真正得到拉伸。这两点可以很好地检测出运动员髋关节两侧的非对称性，这与跨栏架所显现出来的髋关节灵活性的问题相似，但是这个测试更侧重检查腘绳肌和髂腰肌的局限性。

（六）脊柱稳定性俯卧撑

1. 测试目的

脊柱稳定性俯卧撑主要是检测上肢在进行对称推拉运动时，身体躯干在矢状面的稳定性。

2. 所需器材

练习垫或者平整软地面。

3. 测试说明

受试者由俯卧位开始，双手打开与肩同宽放于前额两侧标准的适当位置，膝关节充分伸直。受试者做一次标准的俯卧撑，身体要成一个整体推起，没有塌腰，如果受试者不能很好地完成姿势，可以降低难度再做1次，如调整手支撑位置等。在可以完成动作的位置上做3次。（图1-1-7）

图1-1-7　脊柱稳定性俯卧撑

4. 评分标准

3分：在规定姿势下能很好地完成动作1次。男受试者的拇指与前额在一条垂线上；女受试者拇指与下颌成一条垂线。

2分：在降低难度的姿势下能完成动作1次。男受试者的拇指与下颌在一条垂线上。女受试者拇指与锁骨成一条垂线。

1分：在降低难度的姿势下也无法完成动作或者出现动作代偿。

0分：测试过程中身体任何部位出现疼痛。

5. 测试分析

脊柱稳定性俯卧撑测试检测上肢在进行对称运动时躯干在矢状面的对称稳定性。许多功能训练动作都需要稳定的躯干将力量由上肢传递到下肢，反之亦然。像篮球中的跳跃投篮、排球中的空中拦截、足球中的过人，都是这种能量的传递形式。如果在这些动作中躯干没有很好的稳定性，能量的动力传递就会减弱，从而使动作质量降低，同时也会产生微创伤。

不能很好地完成测试的原因是躯干的对称稳定性差。

6. 排查动作

从俯卧撑动作开始姿势撑起上体，使脊柱充分后伸。在躯干稳定性俯卧撑测试后进行，不评分，产生疼痛记录表上记录为疼痛（P），之前测试分数无论多少分，都算0分。（图1-1-8）

图1-1-8 脊柱稳定性俯卧撑排查动作

（七）身体旋转稳定性

1. 测试目的

身体旋转稳定性测试可以检测躯干在上下肢共同运动时，多维面的稳定性及两侧的对称性。

2. 所需器材

FMS测试仪或木板、练习垫。

3. 测试说明

受试者由跪撑姿势开始，手臂与躯干成90°，屈膝90°，勾脚尖，两膝之间放置测试板。受试者抬起同侧的肘、手、膝,要与测试板外沿平行且在一条直线上,躯干与横杆保持平行,然后屈肘屈膝相触,每边做3次。(图1-1-9)

如受试者难以完成同侧支撑动作,则可以进行异侧支撑测试。(图1-1-10)

图1-1-9　身体旋转稳定性(同侧)

图1-1-10　身体旋转稳定性(异侧)

4. 评分标准

3分:运动员进行重复动作时躯干与地板保持平行;肘和膝接触时与测试板在一条线上。

2分:运动员能够以异侧对角的形式正确完成动作。

1分:失去平衡或者不能正确完成动作。

0分:测试过程中身体任何部位出现疼痛。

5. 测试分析

身体旋转稳定性测试可以检测躯干在进行非对称的上下肢运动时,在矢状面和垂直面的稳定性。在体育运动中,许多功能训练动作都需要稳定的躯干由上肢非对称地传递力量到下肢,反之亦然。如径赛和足球运动中的跑和加速这类的动力传递非常多见。如果躯干没有很好的稳定性,动力传递就会减弱从而使动作质量降低,同样也会产生微创伤。

不能完成测试的原因是躯干的非对称稳定性差。

6. 排查动作

跪姿，双脚趾屈，臀部后坐，尽可能接触脚后跟，胸部尽可能接触大腿，双手尽可能向远端伸出。在身体旋转稳定性测试后进行，不评分，产生疼痛则记录表上记录为疼痛（P），之前测试分数无论多少分，都算0分。（图1-1-11）

图1-1-11 身体旋转稳定性排查动作

第二节 SFMA（选择性功能筛查）

一、SFMA简介

SFMA，即选择性功能动作筛查，是由格雷·库克在2001年首次提出类似概念并发展而成。SFMA是一种综合性评估手段，用于分类动作模式和指导手法治疗的一种锻炼干预。它可以帮助临床医师识别个体运动模式的缺陷和在运动模式中每个人独一无二的疼痛刺激。传统的医学模式只是考虑每个单独的部位的疼痛，而现代功能筛查是将整个运动系统视为一个整体，每个区域相互连接，考虑上下两个关节之间的联系，筛查异侧间是否存在代偿等。SFMA测试的目的是当肢体完成一些基本功能运动时找出疼痛或者受限的部位，为物理治疗师提供一定的参考。

SFMA还突出区域间相互依存的概念，它把人看成一个整体，当一个部分出现问题时，会影响相邻两个区域或者更多区域，从而改变自己应有的功能，例如做单腿深蹲时，臀部力量较弱，或者内收肌力量太紧，或者踝关节稳定性较差，就会引起膝盖"内扣"的现象，影响正常的力量传导。长此以往，膝关节损伤风险就会加大。另外一个例子，当运动员进行睁眼单腿站立测试时，不仅可以测试单腿支撑时间，同时也可以对比异侧腿稳定性等问题。

二、SFMA测试内容与标准

SFMA有四个评分系统，分别是"1.功能性良好和非疼痛（Functional Non-pain，FN）""2.功能性良好和有疼痛（Functional Pain，FP）""3.功能性障碍和无疼痛（Disfunctional Non-pain，DN）""4.功能性障碍和有疼痛（Disfunctional Pain，DP）"。

（一）颈椎动作测试

第一项为下巴触胸，测试颈椎的屈曲度。第二项为抬头使脸与天花板平行，测试颈椎伸展程度。第三项为下巴触摸左右锁骨中部，测试颈椎在冠状面围绕矢状轴的旋转能力。（图1-2-1）

图1-2-1　颈椎动作测试

（二）手掌触摸肩胛骨测试

第一项为手掌触摸异侧肩胛骨底角，评估肩关节内旋、外展与内收情况。第二项测试为手臂穿过头顶触摸异侧肩胛骨的脊柱，评估肩关节外旋、屈曲和外展情况。（图1-2-2）

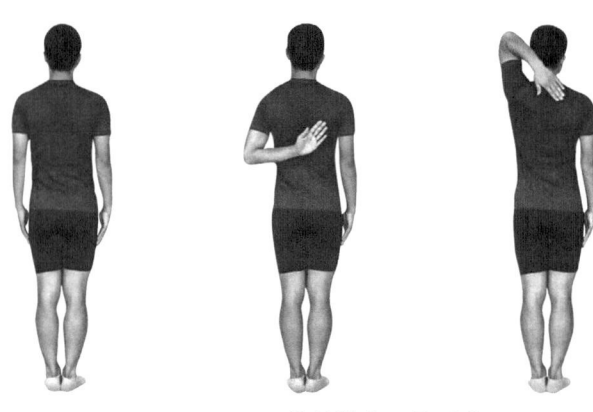

图1-2-2 手掌触摸肩胛骨测试

（三）站姿躯干屈曲测试

第一项为躯干屈曲手指触摸脚尖，评估髋部是否正常屈曲。第二项为躯干向后弯曲，髋部向前，手臂上抬与耳朵呈一条直线，评估肩部与躯干是否正常伸展。（图1-2-3）

图1-2-3 站姿躯干屈曲测试

（四）站姿旋转测试

双脚并拢，脚尖向前，手臂自然伸展，头、躯干、髋部尽量旋转，评估颈部、躯干、髋关节转动的流畅性。（图1-2-4）

图1-2-4　站姿旋转测试

（五）单腿站立测试

双脚并拢，脚尖向前站立，单腿抬起使大腿与躯干、大腿与小腿都成90°，睁眼与闭眼各10秒。评估单腿主动上抬能力和单腿支撑稳定性。（图1-2-5）

图1-2-5　单腿站立测试

（六）深蹲测试

双脚开立与肩同宽，双手举过头顶，主动屈髋下蹲，评估下肢各关节的灵活性。（图1-2-6）

图1-2-6　深蹲测试

第三节　Y-平衡测试

一、Y-平衡测试简介

Y-平衡是一种测试上下肢动作控制能力和功能对称性的手段，是星型平衡测试的发展与演变，分为上肢测试与下肢测试。它将四肢分开测试，评估核心和四肢在自身重量负荷下的功能表现。在预防运动损伤和观察运动损伤后动作控制变化方面，Y-平衡测试经过了多年的系统研究，它可以精确测量运动员康复前后的表现、训练后的提升、动态平衡能力，并可以作为评估运动员是否可以回归赛场的有效工具。

经过测试，可以根据"综合分数值<95%""双侧差异值>5%"来判断可能存在的较高损伤风险、左右侧肢体力量或平衡差异。通过Y-平衡测试能够发现训练前期隐藏的问题，再通过针对性的训练降低运动损伤风险。

二、Y-平衡测试（上肢）内容与标准

（一）测试目的

Y-平衡测试（上肢）是一个动态的测试，对支撑侧手臂、肩胛带以及躯干的稳定性和移动侧的手臂、肩胛带及躯干的灵活性都有很高的要求。每一侧伸展过程中都会涉及肩胛骨的稳定性、灵活性和胸椎旋转灵活度及核心稳定性，使测试者在不失去平衡的状态下尽可能远地到达测试距离。为了在狭小的支持面上尽可能让移动侧的手向外延伸，要求测试者发挥出身体的平衡、本体感觉、力量和主要大关节全范围活动的能力。

（二）测试方法

这个测试的设计是在俯卧撑姿势下对上肢和躯干进行测试。受试者单手支撑在Y平衡测试套件中间的踏板上，保持俯卧撑姿势，延伸手触碰可移动测试板，尽可能向中间外侧、下外侧、上外侧的方向推动测试板。

首先，确定站立时手臂的长度，也就是从颈7（c7）——颈部底部的棘突部到

第三根手指末端的距离（精确到0.5厘米）。测量时手臂前平举，与身体成90°，与肩平。可以这样确定第七颈椎棘突的位置：在伸直和屈曲颈部时第七颈椎棘突始终保持突出。只需要测量一侧如右侧手臂的长度就可以。

测试时，受试者需要脱掉鞋子，开始姿势为双手、双脚与肩同宽呈俯卧撑姿势，左手拇指放于踏板的红色起始线后。右手触碰可移动测试板，推动标有红色刻度的区域尽可能往右边移动。然后保持相同的姿势，让测试者尽可能向远处推动下外侧的测试板，最后尽可能向远处推动上外侧的测试板。受试者站立等待测试者记录数据，同时适当休息。完成1次单侧3个方向测试后，换另一侧即右手支撑进行同样的测试。左右侧各完成后为1轮，依此完成3轮。（图1-3-1）

图1-3-1　Y-平衡上肢测试

在介绍完测试步骤后，让受试者进行两侧动作练习。每个方向上都分别尝试6次后再开始进行正式的测试。

（三）测试指令

右侧手支撑，左侧手向中间外侧伸展；右侧手支撑，左侧手向下外侧伸展；右侧手支撑，左侧手向上外侧伸展。

左侧手支撑，右侧手向中间外侧伸展；左侧手支撑，右侧手向下外侧伸展；左侧手支撑，右侧手向上外侧伸展。

测试者要把支撑手拇指放在测试踏板的红色起始线后，在明确的测试口令下完成3个方向上的3次测试。

（四）测试记录

通过观察可移动的测试板内侧边缘在标有红色刻度区域上的刻度，记录测试者伸展的最大距离，精确到0.5厘米（例如68.5厘米、69.0厘米、65.5厘米）。3次尝试后的测试结果都要记录下来，并取3次中最大的数值进行分析。如果尝试失败，单侧一个方向可尝试的最多次数是6次。如果测试者超过4次的尝试都失败，那测试结果应该判定为0。

（五）测试注意事项

三个方向上动作都必须连续完成，不能中断，如果中断，受试者需返回起始位置完成下一次尝试。

必须由支撑手臂承担身体重量，伸展手臂推动可移动测试板时，重心不能移动到伸展手臂使其支撑身体。支撑手臂的肘关节不能屈，以免获得更远的伸展距离。

伸展手必须与测试板始终贴合，整个过程不能用力猛推测试板，使之靠惯性向前滑动。

（六）结果评价

运动员个人比较左右两侧时，一般是每个方向（中间外侧、下外侧的、上外侧）的差异超过4厘米，否则运动损伤风险增加。

测试值在受试者之间相互比较，或者个体比较时，可以将测试值标准化，以求得综合值。身体上肢测试综合值的计算方法为各个方向上最远的伸展距离之和除以3倍的上肢长度再乘100，分数95以上为优，如果左右两侧相差5以上，则意味着损伤风险增大。

三、Y-平衡测试（下肢）内容与标准

（一）测试目的

Y-平衡测试（下肢）是一项力量、柔韧、核心控制、本体感觉共同参与的单

腿动态测试。它被用来评估运动员的运动表现，确定运动员隐藏的踝关节、前交叉韧带稳定性的问题。研究还表明，这个测试还可对后期可否继续参与大强度运动进行筛查。

（二）测试方法

Y-平衡测试（下肢）也是由3个方向的动作组成（前侧伸、后内侧伸、后外侧伸）。这个测试是受试者保持单腿平稳站立于测试板上，同时另一侧腿尽可能向远处伸展并推动滑板。

首先测量下肢长度，通过测量髂前上棘到内踝末端的距离，确定下肢长度。受试者脱鞋、脱袜仰卧于水平台面上。开始时双膝关节弯曲，双脚平放于水平台面上，此时要求受试者髋部抬离水平台面（挺髋的动作），然后返回初始位置。膝关节完全伸直，测试者拉直受试者双腿以进一步确认双腿完全伸展开。用卷尺测量测试者右腿髂前上棘到内踝末端的距离，结果精确到0.5厘米。

介绍完测试步骤后，受试者在正式测试前在3个方向上各做6次模拟练习以熟悉动作。动作开始时，受试者站在测试板的红线之后，在保持单腿站立在测试板上的同时，另一侧腿分别在3个方向上（前侧伸、后内侧伸、后外侧伸）做伸向远端的动作中缓缓推动滑板，然后回到起始位置。然后换另一侧腿支撑重复相同的动作。完成1轮后，为了测试结果的准确性，可以让受试者进行充分的休息，共进行3轮测试，即每个方向共完成3次尝试。

在运动员正规测试中，要求运动员光脚、双手叉腰进行。而在普通人测试中，可以适当降低难度与要求。（图1-3-2）

图1-3-2　Y-平衡下肢测试（简化）

（三）测试指令

和上肢测试流程基本相同，第一，右腿支撑左腿向前侧伸；右腿支撑左腿向后内侧伸；右腿支撑左腿向后外侧伸。第二，左腿支撑右腿向前侧伸；左腿支撑右腿向后内侧伸；左腿支撑右腿向后外侧伸。

受试者要把支撑脚拇指放在测试踏板的红色起始线后，在明确的测试口令下完成3个方向上的3次测试。

（四）测试记录

通过读取踏板边缘标尺上的数值来评估伸展的最大距离，即脚末端到达的点的距离，精确到0.5厘米（例如68.5厘米、69.0厘米、69.5厘米）。3次尝试的测试结果都要记录下来，并取3次中最大的数值进行分析。如果某次尝试失败，受试者需返回起始位置完成下一次尝试，一个方向可进行尝试的最多次数是6次。如果测试者超过4次的尝试都失败，那测试结果为0。

（五）测试注意事项

3个方向上动作都必须连续完成，不能中断，如果中断，测试者将返回起始位置完成下一次尝试。

必须由支撑腿承担身体重量，伸展腿推动可移动测试板时，重心不能移动到伸展腿使其支撑身体。伸展脚脚尖必须与测试板始终贴合，整个过程不能用力猛推测试板，使之靠惯性向前滑动。

支撑腿的后脚跟不能离开测试台，以免获得更远的伸展距离。

（六）结果评价

左右腿的伸展距离的差异一般不应该超过4厘米，否则下肢会有非接触性损伤风险，而这种损伤风险是正常损伤风险的2.5倍（$P<0.05$）。

如需受试者之间比较，需要将测试值标准化，以求得综合值。计算方法为各个方向上最远的伸展距离之和除以3倍的下肢长度再乘100。分数95以上为优，如果左右两侧相差5以上，则意味着损伤风险增大。

第四节　基本生理指标与身体素质测试

一、基本生理指标测试

自行车运动员身体运动功能素质测试指标主要包括身高、体重、心率、尿液脱水值等测试。

（一）身高

测试身高的目的主要是反映人体发育状况。

1. 测量方法

受试者赤脚，"立正"姿势站在身高计的底板上，脚跟、骶骨部及两肩胛间紧靠身高计的立柱。测量者站在受试者的左右均可，将其头部调整到耳屏上缘与眼眶下缘的最低点齐平，再移动身高计的水平板至受试者的头顶，使其松紧度适当，即可测量出身高。

2. 测量要求

受试者头的枕部、两肩胛间的脊部和骶部三点应贴在身高计的立柱上。其余与普通测身高相同。

（二）体重

体重是反映人体骨骼、肌肉的发育程度以及肥胖程度的指标，也是反映人体体型的一项指标。

测量方法为受试者赤脚、身穿少量衣物，站在电子体重计上，静止3秒，当显示数字静止时，该数值为受试者体重。

（三）心率

心率是肌肉活动时反映心脏承受负荷大小的常用指标，在一定的范围内，肾上腺素分泌增多,交感神经紧张度迅速升高,则使心率上升。且在一定程度上,心率与运动强度呈良好的线性关系。因此心率是监控强度的一个有效指标。

测定心率最佳的位置是颈部与腕部。测量心率时,常用的方法是10秒内的心率乘以6,或者用15秒的心率乘以4,可以在运动停下的即刻进行测试,也可以佩戴各种监测仪对心率进行实时测量。

(四)尿液脱水值测试

水分对于人体运动能力的发挥有着至关重要的作用,如调节体温、给机体各器官运送营养物质、润滑关节、通过尿液与汗水将机体废物排出体外。当身体缺水时,肾脏会浓缩尿液,其颜色会逐渐加深,严重时会出现深黄色甚至琥珀色。

对于运动员而言,缺水将会限制他们竞技能力的发挥。为了避免在日常训练和比赛中出现缺水现象,运动员应注意每天尿液的颜色,从而判断自己的健康情况。(图1-4-1)

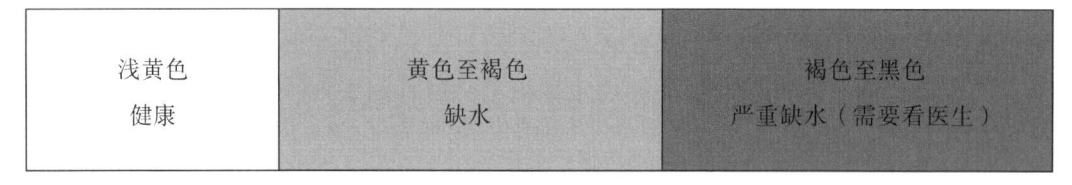

浅黄色	黄色至褐色	褐色至黑色
健康	缺水	严重缺水(需要看医生)

图1-4-1 尿色与缺水程度

(五)踝关节灵活度测试

踝关节是主导灵活性的关节,如果踝关节失去了灵活性,会影响身体其他的部位。运动员脚踝活动度受限是十分常见的,特别是指足背屈的角度,足背屈受限可能引起跟腱炎、膝盖疼痛、动作代偿、落地的冲击力较大使身体受到损伤等。僵硬的踝关节会对身体其他部位造成不良影响,严重影响全身关节活动模式。

足尖向上或足底固定而膝关节向前运动时,足与小腿间的角度小于90°,叫背屈。角度越小,那么背屈活动度就越大,活动受限通常会导致运动员其他身体部位受伤。

测试踝关节的灵活度通常利用单腿跪地背屈测试(Half Kneeling Dorsiflexion Test),这个特殊的实验经常被用于评估踝关节的灵活性。具体过程为:找一面墙,脱鞋后后腿跪地,用卷尺测量前腿大脚趾与墙的距离,保持7厘米,在这个姿势下将膝盖向前顶，尝试用膝盖接触墙面，脚跟始终保持和地面接触。保持前脚原有的姿势（膝触墙、脚跟贴地），然后前脚慢慢往后移，移到最远的点之后，开始测量前脚大脚趾与墙面的距离（图1-4-2）。如果测试的距离大于12厘米则为优秀；10~12厘米为良好；7~9厘米为及格。当结果低于7厘米时，则需要加强踝关节灵活性的训练。

图1-4-2　单腿跪地背屈测试

（六）握力测试

握力主要是测试上肢肌肉群的发达程度，即前臂和手部肌肉力量，是反映人体上肢力量发展水平的一个指标。在体能测试中，它常以握力体重指数的形式体现，即将握力的大小与受试者的体重相联系，以获得最科学的体力评估。（图1-4-3）

图 1-4-3　握力测试

计算公式为：握力体重指数=握力（公斤）/体重（公斤）×100%。

二、身体素质测试

（一）下肢爆发力测试

下肢爆发力测试包括四个：下肢无反向垂直跳跃测试、下肢反向垂直跳跃测试、下肢反向垂直跳跃单腿测试、下肢跳箱垂直跳跃测试（DJ40厘米）。

1. 下肢无反向垂直跳跃测试

受试者站在摸高仪后下方，双手自然放于体侧，向测试者报告身高与体重。当受试者听到指示后，身体成基本准备姿势或半蹲姿势，保持3秒，直接快速向上跳起，在空中身体尽量成一条直线，直臂用指尖触碰标尺拨片，然后屈髋缓冲落在地上，由测试者查看并记录成绩。每人测试3次，取最好成绩。（图1-4-4）

图1-4-4　下肢无反向垂直跳跃测试

2. 下肢反向垂直跳跃测试

受试者站在摸高仪后下方,双手自然放于体侧,向测试者报告身高与体重,当受试者听到指示后,身体快速下蹲,并迅速向上跳起,在空中身体尽量成一条直线,直臂用指尖触碰标尺拨片,然后屈髋缓冲落在地上,由测试者查看并记录成绩。每人测试3次,取最好成绩。(图1-4-5)

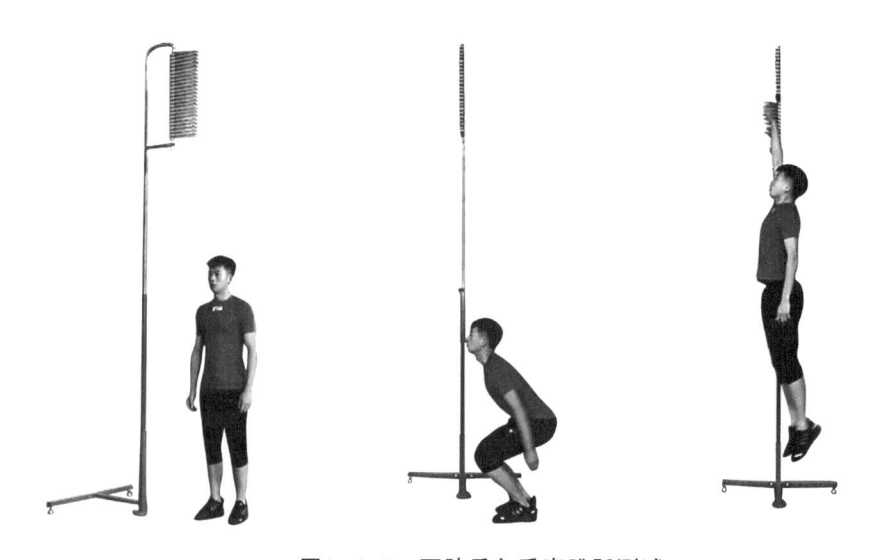

图1-4-5　下肢反向垂直跳跃测试

3. 下肢反向单腿垂直跳跃测试

受试者站在摸高仪后下方，双手自然放于体侧，向测试者报告身高与体重。当测试者给出开始信号后，受试者成单腿站立，双臂屈肘抬起，稳定3秒后，单脚快速下蹲，支撑腿迅速蹬地向上跳起，在空中身体尽量成一条直线，直臂用指尖触碰拨片，然后屈髋单腿缓冲落在地上（如果支撑腿有疼痛，可以双腿落地缓冲），测试者记录成绩。每人单腿连续测试3次，然后换另一侧腿进行测试。两侧腿跳跃高度都取最好成绩。（图1-4-6）

图 1-4-6　下肢反向单腿垂直跳跃测试

4. 下肢跳箱垂直跳跃测试（DJ40厘米）

受试者站在红色跳箱或者跳台上（40厘米），双臂自然放于体侧，向测试者报告身高与体重。当测试者给出开始信号后，受试者单脚向前迈步悬空，身体微前倾，依靠重力作用，使身体从跳台上落下，当双脚落地时，以最快的速度双脚迅速蹬地向上跳起，在空中身体尽量成一条直线，直臂用指尖触碰标尺拨片，然后屈髋双腿缓冲落在地上，每人测试3次，取最好成绩。起跳高度除以时间值越大越好。测试前受试者应先进行跳箱单腿悬空双腿落地练习，观察是否有疼痛并熟悉动作要点。（图1-4-7）

图1-4-7 下肢跳箱垂直跳跃测试（DJ40厘米）

备注：无反向跳跃、反向跳跃、跳深跳跃的高度应依次增加5%~10%；左腿跳跃高度+右腿跳跃高度=双腿跳跃高度的110%~120%。

（二）上肢最大拉力测试

受试者在测试前应该按照标准做如下动态热身。热身从小负荷（估测50%~60%1RM，1RM为一次重复的最大力量）开始，重复5次，1分钟休息。用80%1RM的重量，重复2次，继续热身，2分钟休息。增加重量，用90%1RM的重量，重复1次，2分钟休息。继续增加重量，用95%1RM的重量，重复1次。如果1RM练习中，负荷增加在2.5千克以内，可忽略不计，休息2~4分钟。

在测试中，受试者的起始动作为：在开始时要保持3秒以上的静止悬垂，双臂肘关节伸直，保持直臂，正握横杆，间距与肩同宽。受试者必须保持身体竖直，身体任何部分不能触地或触墙。测试过程中始终保持这一姿势。

受试者抓紧横杠后，当听到测试者发出"悬垂"指令，就要保持直臂状态。当受试者悬垂不动（此环节需要一个辅助者）并保持正确的姿势时，之后的指令才能发出。如果这些动作在5秒内没有完成，那么受试者可以要求下来放松。

悬垂3秒之后，测试者发出指令"上拉"。这时受试者要引体向上，直至下巴超过横杠。完成上拉动作时，双臂不能过度用力不均，或者过度屈髋关节导致折体。之后在控制好动作的条件下恢复起始姿势。（图1-4-8）

图1-4-8　上肢最大拉力测试

如果运动员能够成功完成，可以休息2~4分钟，增加负重2.5~7.5千克（或者5%~10%1RM），重复测试步骤。如果运动员没有成功，可以休息2~4分钟，降低负重2.5~7.5千克（或者5%~10%1RM），然后重复测试步骤。最多可以3次尝试1RM的负荷。

（三）上肢最大推力测试

在测试流程上，上肢最大推力测试与最大拉力测试基本相似。在方法手段上，上肢最大推力测试可采用卧推或者双臂屈伸的方法。考虑到自行车运动员比赛时身体的不稳定性，所以建议用双臂屈伸测试方法，这样与竞赛更加贴合。

队员在测试前应该按照标准做如下动态热身。队员热身从小负荷（估测50%~60%1RM）开始，重复5次，1分钟休息。用80%1RM的重量，重复2次，继续热身，2分钟休息。增加重量，用90%1RM的重量，重复1次，2分钟休息。继续增加重量，用95%1RM的重量，重复1次。如果1RM练习中，负荷增加在2.5千克以内，可忽略不计，休息2~4分钟。

在测试中，受试者的起始动作为：受试者对握横杆，双臂直臂支撑，必须保持身体竖直，身体任何一部分不能触地或触墙。在测试过程中始终保持这一姿势。

受试者保持3秒的准备姿势后,当听到测试者发出"悬垂"指令,双肘关节屈曲,用3秒时间使身体缓缓下到最低点,双臂屈曲至最大角度。到达最低点后,受试者要保持1秒,然后双臂用力下推,直至上体超越横杠成直臂状态恢复成起始姿势。在完成下推动作时,双臂不能过度用力不均,或者过度屈髋导致折体。(图1-4-9)

图1-4-9 上肢最大推力测试

如果运动员能够成功完成,可以休息2~4分钟,增加负重2.5~7.5千克(或者5%~10%1RM),重复测试步骤。如果运动员没有成功,可以休息2~4分钟,降低负重2.5~7.5千克(或者5%~10%1RM),然后重复测试步骤。最多可3次尝试1RM的负荷。

(四)核心耐力测试

以仰卧姿测试为例,要求受试者起始姿势为:仰卧于长凳上,身体呈直线,髂前上棘置于长凳边缘,上体悬空,双手交叉置于胸前,头部平直,辅助者帮助其稳定髋、大腿、膝关节。

测试者发出"起"口令,受试者需要始终保持上体悬空的起始姿势,身体水平。如果受试者上体缓缓低于水平线,则对其警告纠正1次,督促尽快恢复为起始姿势。当发出第3次警告时,则认为测试结束,受试者无法继续保持。

受试者达到3分钟后则立即停止。测试需要从俯卧姿、左右侧卧姿4个维度进行。(图1-4-10)

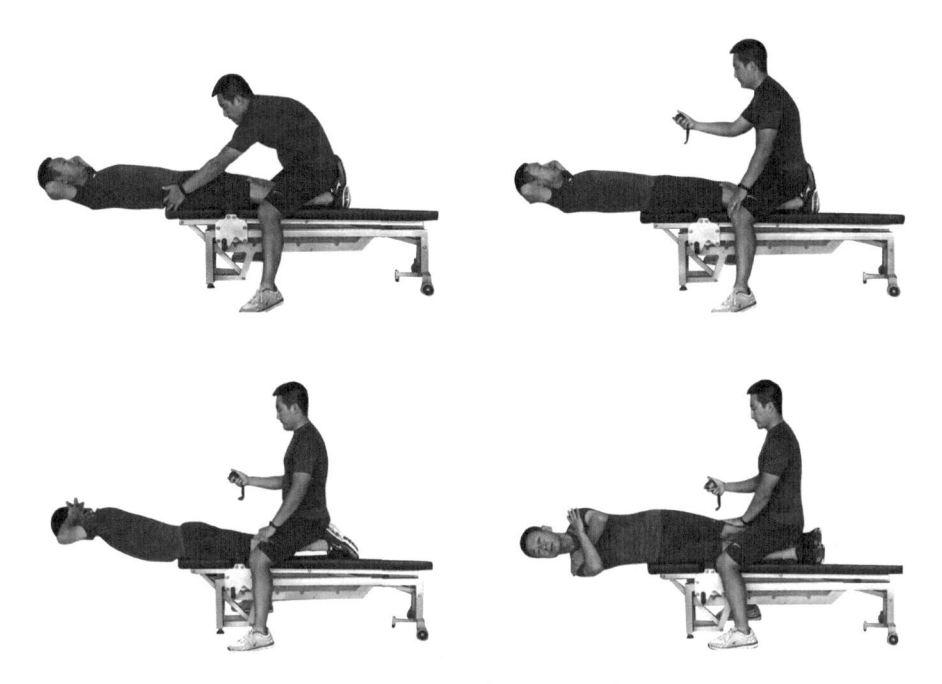

图1-4-10 核心耐力测试

第二章
青少年自行车运动员动作模式分析

> 本章主要是对自行车运动员的动作模式进行分析,首先分析青少年自行车运动员的专项技术特点,包括基础的技战术内容;其次对自行车运动员在训练过程中出现的动作模式进行逐个剖析与讲解。通过阅读本章内容,可以对青少年自行车运动员的技术动作模式有一个较为清晰的认识及了解。

第一节 青少年自行车运动员技术特点

一、基本骑行姿势与技巧

(一)身体姿势

青少年自行车运动员要想创造良好的运动成绩,首先要掌握正确的骑行姿势。轻松踏蹬,自如控车,可避免不必要的肌肉紧张,降低能量消耗,保证力量和技术得到充分发挥,这是提高专项竞技成绩、避免运动损伤出现的关键所在。

青少年自行车运动员正确的骑车姿势是:上体较低,头部稍倾斜前伸;双臂自然弯屈,便于腰部弓屈,降低身体重心,同时可以防止由于车子颠簸产生的冲击力传到全身;双手轻而有力地握把,臀部坐稳车座位(图2-1-1)。正确的骑行

图2-1-1 骑行姿势

(引自香侬·索芬德尔《自行车运动训练指南》)

姿势，在相当大的程度上取决于车辆的尺寸、车座和车把的位置，以及运动员的身材与身体的结构。因此，要正确处理车和人的物理关系。影响骑行姿势的因素中，车的因素有车架大小、车座高低与前后、车把倾斜角度和把立管长度等；人的因素涉及腿长、臂长和躯干长度。腿的长度决定车架的高低；躯干长度和臂长的总和决定车架的长度；曲柄的长度则与训练、竞赛场地有关，坡度大、弯道多的路面需要曲柄短些，反之，曲柄可长些。

（二）蹬踏动作分析

蹬踏动作是下肢肌肉协调交替收缩产生最大的蹬踏作用力。以单足顺时针蹬踏一周的动作过程分析，当足在0°（图2-1-2）位置（"上死点区"）时，动作处于开始阶段，力臂等于零，主要起动功能肌的股四头肌处于主动拉长状态。

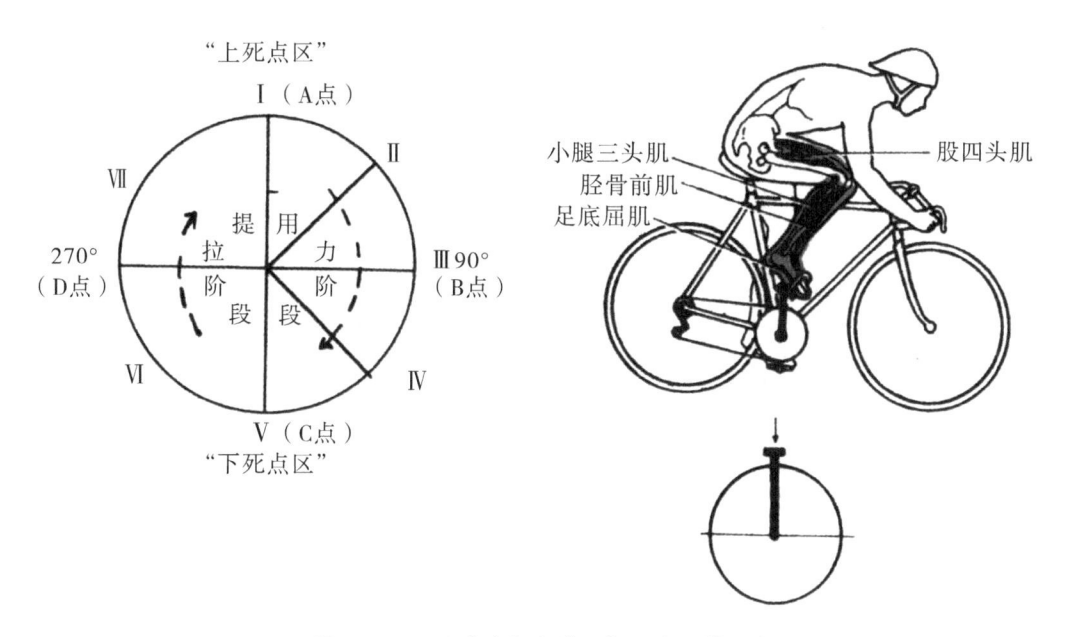

图2-1-2 蹬踏动作力学图与用力开始阶段

（引自顾得明、缪进昌《运动解剖学图谱》）

足的蹬踏动作过渡到与水平面约成45°时，股四头肌、小腿三头肌在近固定条件下自上而下收缩，是膝关节伸，踝关节跖屈。蹬踏动作运转与水平面约成90°（图2-1-3）时，此时力臂最长，力矩也最大，是取得蹬踏作用力的最重要阶段。

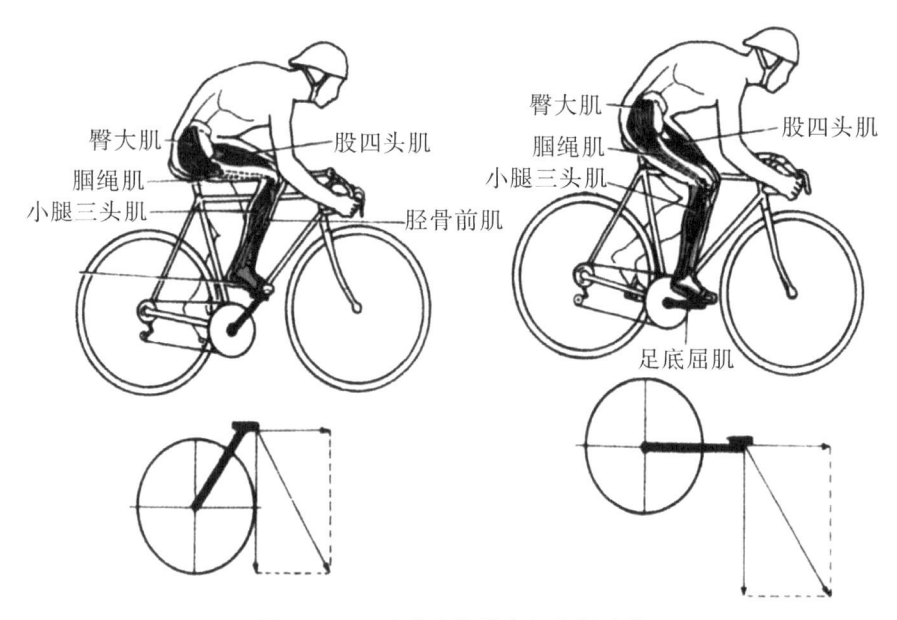

图2-1-3 蹬踏动作用力初中期阶段

（引自顾得明、缪进昌《运动解剖学图谱》）

足的蹬踏动作运转至约135°时，股四头肌、小腿三头肌继续收缩，形成垂直向下的用力方向。蹬踏运行至180°（图2-1-4）位置（"下死点区"）时，不形成力矩，也不做功，应依靠惯性和熟练技巧使动作尽快过渡。

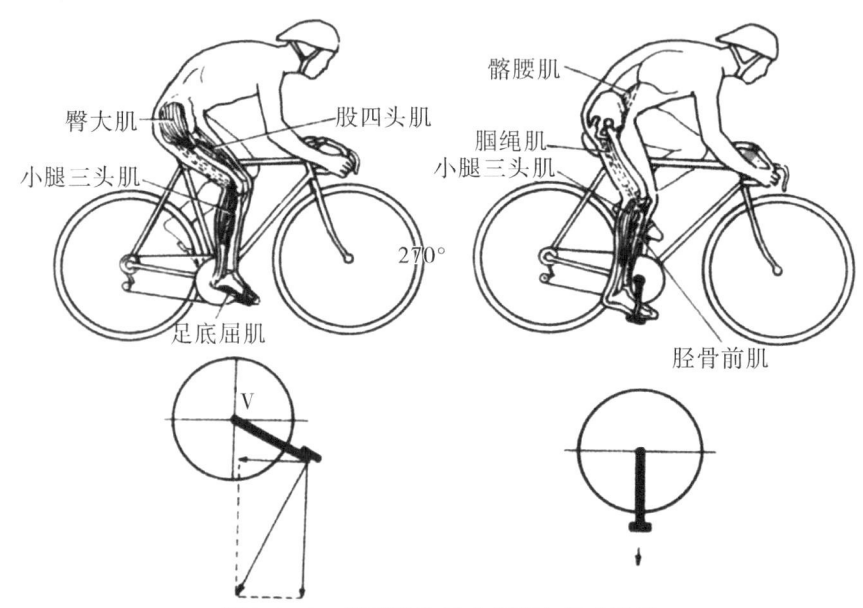

图2-1-4 蹬踏动作用力后期与结束阶段

（引自顾得明、缪进昌《运动解剖学图谱》）

足的蹬踏动作运转至225°~270°（图2-1-5）时，依靠髂腰肌、腘绳肌和胫骨前肌等积极有力的收缩，使大小腿折叠动作加快，并带动足向后上提拉，积极有力的提拉动作有助于增大垂直分力，提高车速。

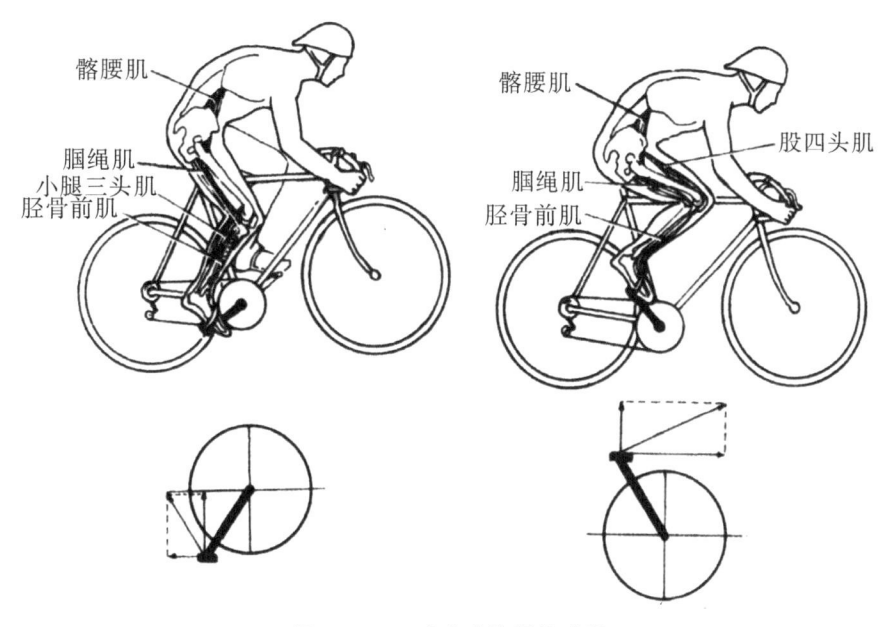

图2-1-5　蹬踏动作提拉阶段

（引自顾得明、缪进昌《运动解剖学图谱》）

当蹬踏动作临近完成圆周运行达"上死点区"时，股四头肌又处于被拉长状态，此时应依靠肌肉工作的灵活性和娴熟的动作技巧尽快过渡。

（三）蹬踏方法

自行车的踏蹬方法有自由式、脚尖朝下式和脚跟朝下式三种。

1.自由式踏蹬方法

目前，一些优秀运动员大都采用自由式踏蹬方法。这种踏蹬方法，就是脚在旋转一周的过程中，根据部位不同，踝关节角度也随着发生变化。脚在最高点A时（见图2-1-2），脚跟稍下垂8°~10°，踏蹬力量是朝前下方；用力逐渐加大到B点（脚掌与地面成平行状）时，踏蹬力量最大；再向下，用力逐渐减小，进入下临界区，肌肉开始放松，脚跟略向上抬起，到C点时，脚跟逐渐上提到15°～20°；当脚回转到D点时又与地面平行，接着脚跟又向上提起，重新进入A点。自由式踏蹬符合力学原理，用力的方向与脚蹬旋转时所形成的圆周切线相一致，减少了膝关节和大腿动作幅度，有利于提高踏蹬频率，自然地通过临界区，减少死点。大腿肌肉也能得到相对的放松。但这种踏蹬方法对于青少年自行车运动员较难掌握。

2. 脚尖朝下式踏蹬方法

目前不少运动员，尤其是短距离运动员采用脚尖朝下式踏蹬方法。其踏蹬特点是在整个踏蹬旋转过程中脚尖始终是向下的。这种方法踝关节活动范围较小，有利于提高频率，容易掌握，但腿部肌肉始终处于紧张状态，不利于自然通过临界区。

3. 脚跟朝下式踏蹬方法

脚跟朝下式踏蹬方法是脚尖稍向上，脚跟向下8°～15°。这种方法在正常骑行中很少使用，只是少数人在骑行过程中做过渡性调剂用力时才使用。它的特点是肌肉在短时间内改变用力状态，得到短暂休息，达到恢复肌肉疲劳的目的。

二、青少年自行车运动员身体基本功能与动作

（一）上肢运动功能与动作

当青少年自行车运动员跨上自行车后，就会感觉到手臂同样需要强大的力量。在周而复始的蹬踏过程中，运动员双臂的拉力在不断变化，以调节蹬踏过程中对于自行车稳定性的影响。在自行车运动中，上肢力量与下肢力量存在必然联系，可以通过计数器统计肱二头肌舒张情况来推算腿部力量的输出值。如果想尝试，可以在骑车爬山的过程中，用单只手臂握住车把来体验手臂的稳定作用。在进行专项动作模式训练时，运动员应该想象自己正在向上拉起车把，而腿部正在向下踩踏板，握距应与车把同宽。为了更好地锻炼肱二头肌，运动员在训练的过程中应避免重复刺激身体的同一部位，可利用单腿站立或不稳定性器械，如波速球等来锻炼下肢和躯干，进而提高下肢小肌肉群的稳定性，这样有助于运动员在疲劳状态下稳定自行车。（图2-1-6）

图2-1-6

（引自香依·索芬德尔《自行车运动训练指南》）

在长时间的骑车过程中，青少年运动员都会感到手臂的酸痛。长距离且路途较难的下坡更是对前臂和握力极限的挑战。在进行专项的动作模式训练时，如正握站姿弯举训练不仅能增强运动员的握力，而且能提高运动员的腕关节及其他上肢肌群的控制力。手心向下握杠铃的姿势与运动员骑车的姿势相似；骑车跨越障碍物时，手臂向上提车把的姿势与向上弯举杠铃、高拉的姿势相似。另外，也可以通过在不稳定平面的练习来增加训练难度，因为它对青少年运动员核心部位、背部、下肢肌肉提出更高的要求。

（二）躯干支柱运动功能与动作

通常情况下，青少年运动员在骑车时，手臂和肩部主要产生两种不同方向的力量：一种力量是作用于车把的向下的力，以支撑身体的重量；另一种力量是在加速、冲刺、爬坡等阶段，手臂作用于车把的回拉力量。在大部分的骑车时间里，运动员的身体是向前倾斜的，这种姿势对肩部后部的肌肉提出很高的要求（图2-1-7）。人的身体是对称的，所以要平衡发展肌肉力量。在进行动作模式的训练中，要把肩关节作为维持平衡状态的关节看待，避免肩关节受伤。

骑车时，颈部一直处于伸展状态，这对于青少年运动员来说是一种挑战。在长时间有氧训练中，对颈部的锻炼是非常重要的，只有这样，在长时间的比

图2-1-7

（引自香依·索芬德尔《自行车运动训练指南》）

赛中运动员才能保持颈部的伸直状态来看赛道。对于颈部的动作模式训练，最为常见的有两种方法：仰卧抬身训练和健身球俯卧颈屈伸训练。颈部的屈伸训练模仿了骑车时颈部的动作，所以这种训练方法会非常有效，但是在颈部训练过程中要注意"度"，同时还要进行对抗肌的训练，避免在训练过程中由于过度训练而出现颈部损伤。（图2-1-8）

图2-1-8

（引自香依·索芬德尔《自行车运动训练指南》）

在比赛开始时，肌肉迅速产生爆发力，运动员从静止状态转化为运动状态。真空车胎和真空车把有助于增强自行车的运动惯性。当裁判员发出比赛开始的信号时，运动员都会奋力转动踏板，使自行车迅速转动起来。当腿部向下用力时，上半身向上用力，以抵消腿部的力量，这时就需要胸大肌、二头肌和腹直肌的全力配合。在进行此动作模式的训练中，也可以增加一些非稳定状态下的训练，如在瑞士球上进行专项训练，它对腹部肌肉提出更高的要求。在训练的过程中，只有保持躯干的重心稳定，才可以增加运动员的专项竞技能力。（图2-1-9）

图2-1-9

（引自香依·索芬德尔《自行车运动训练指南》）

运动员在骑车过程中，常常会遇到一些比较崎岖的道路，即使自行车装备再好，通过此路也会感到吃力，在费力地转动踏板的同时，还得依靠手臂、背部的力量来稳定车把，这就对背部肌肉提出要求。在进行专项动作模式训练时，坐姿划船训练可以很好地锻炼背部肌肉，而且这种训练姿势与骑车姿势非常相似，手握的把手就像是自行车的手把。骑车爬坡时，运动员会选择上拉手把，背阔肌、肩膀和手臂都会发挥稳定身体的作用，使得运动员有更好的力量蹬车爬坡。训练时俯身的角度与骑车时身体前倾的角度差不多，需要在专项动作模式训练中加强竖脊肌的训练。

青少年运动员在爬坡途中要想持久骑车，就必须处理好腿部转动踏板的力度。如果脚踏踏板的频率稳定，那么一条腿在向下蹬的同时，另一条腿向上拉；同时，手臂作用于车把产生向前和向上的力量。在腿和手臂交替运动的过程中，腹部发挥着稳定躯干的作用。如果运动员的腹部肌肉足够强大，那么上身和骨盆就会避免不必要的晃动，进而减少损耗自行车前行的力量。即使是最好的专业自行车运动员，推进自行车前行力量的使用率也只有27%，因此提高力量的使用率对于运动员来说至关重要。（图2-1-10）

图2-1-10

（引自香侬·索芬德尔《自行车运动训练指南》）

（三）下肢运动功能与动作

在户外骑行时，运动员以稳定频率踩踏板时，腿部各种肌肉都在进行协调一致的工作。当冲刺或爬坡时，需要腿部输出更大的功率，两条腿之间、每条腿的各肌肉，则需要更加高频率的兴奋与抑制转换以保证相互配合工作。

效率是成为一名成功自行车手的关键，骑手做出的任何努力和身体运动都应使自行车更快地向前移动。但由于风的阻力、散热、装备问题或其他因素，骑手所做出的努力通常一大部分都在动力转化中失效，因此只有很少一部分动力和有效动能起作用。在踏板运行的整个过程中，下肢都要协调配合，以提高蹬踏效率，这就要求我们找到更加贴合蹬踏动作的训练方法。如脚应该相对保持稳定，而小腿前侧的肌肉与腓肠肌和比目鱼肌一样，能帮助脚保持这种稳定，同时这些小腿前侧肌肉也可以在踏板每个运行周期的后半段帮助运动员使其向上运动，倒蹬训练就符合这样的要求，可以帮助运动员独立锻炼这些肌肉，使它们在实际骑行时发挥作用。当运动员的腿部在踏板上运动至顶时，股四头肌将会做对抗运动，驱动踏板的这个环节与运动员在器械上做腿部伸展训练的动作基本相似，也可以利用其进行相应的训练。（图2-1-11）

图2-1-11

（引自香侬·索芬德尔《自行车运动训练指南》）

第二节　青少年身体运动功能训练的动作模式分类

一、动作模式的概念

关于动作模式的概念，我国目前相关研究还较为欠缺。身体运动训练专家格雷·库克所著的《动作——功能动作训练体系》一书指出："大脑不能分辨单一的肌肉运动，但可以识别动作模式，建立所有肌肉之间所需要的协调，这个所谓的协调被称为动作程序。动作程序产生相应的动作模式，大脑中储存记忆的空间使得在学习和精炼动作时能快速启动动作模式信息，从而使动作模式达到一个自动化、经济化的状态。"

从上述观点中可以发现，动作模式更加强调在神经系统的参与下各肌肉、关节协同地完成既定的动作程序，特定动作模式是特定动作程序支配下各个环节整体协同完成动作程序。因此，可以把动作模式理解为内在的神经系统控制与外部的动作表现两个部分，而且这种内在与外部的控制与表现还要最终达到突出自动化与经济化的目标。综合而言，在运动训练的范畴内，可以把动作模式简要理解为"根据运动需要，以内在的神经控制为核心，外部的动作为特征，神经系统与运动系统（含筋膜）之间的相互作用"。

需要指出的是，动作模式训练中虽然有侧重点，但绝不是孤立的身体某一部位的动作，是身体多组单个神经控制与动作的组合。

二、动作模式分类

在继承传统身体训练的基础上，身体运动功能训练更加强调人体在非稳定状态下多关节、多维度、全身性的动作模式训练。美国身体运动功能训练理论将所有的训练手段依据练习的主要功能划分为：上肢推和拉、下肢推和拉、身体屈伸与旋转及全身推拉动作。依据身体力量训练划分为：最大力量、快速力量、力量耐力。在力量训练的设计中，会用到身体所有肌肉的收缩形式，包括离心收缩、向心收缩、等长收缩、超等长收缩（快速伸缩复合训练）等，通过不同的动作组数、动作组合、训练速度、负荷比例的组合等来达到所需的身体适应性变化，目的是以所练习的身体力量来支持所需要的动作模式，并且强调这些动作模式符合专项运动的需要。

此外，躯干支柱训练也是身体运动功能训练的重点。躯干支柱理论是在核心力量训练的基础上建立与发展起来的，除了传统髋关节、腰腹、膈肌等力量训练，躯干支柱训练加入了肩胛的力量与稳定性训练。躯干支柱部位包含维持人体姿态的多数肌肉，也被认为是产生力量的平台与源泉。如果躯干支柱缺乏稳定或相应的力量，就会出现能量泄露。此外，躯干支柱还有根据运动需求增强或者减弱力量传递的作用。躯干支柱是所有运动的核心，人体可以从躯干支柱部位传递、产生、消减能量与力量，并通过其分配到各个所需的部位，可以理解为广义的人体核心区。由于颈部的肌肉群训练没有相应的理论划分，但其也为支柱的一部分，因此也认为是支柱训练的一个组成部分。（图2-2-1）

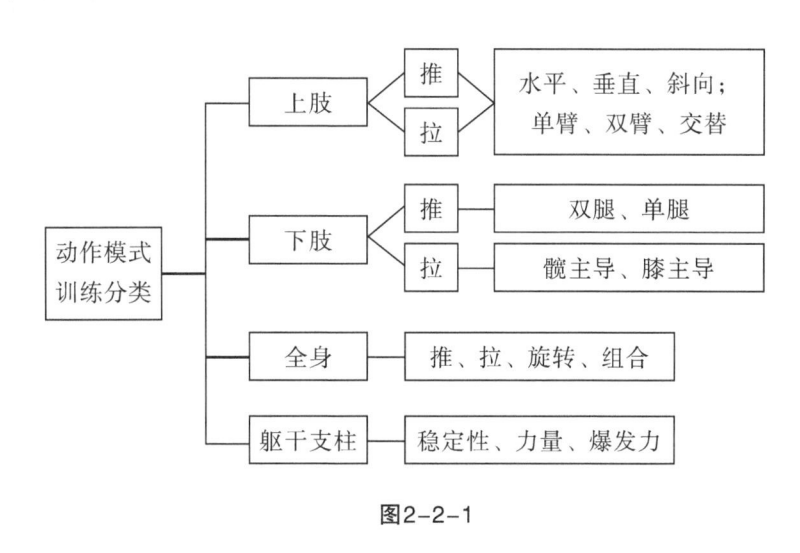

动作模式训练分类：
- 上肢：推、拉 —— 水平、垂直、斜向；单臂、双臂、交替
- 下肢：推 —— 双腿、单腿；拉 —— 髋主导、膝主导
- 全身：推、拉、旋转、组合
- 躯干支柱：稳定性、力量、爆发力

图2-2-1

三、双侧训练与单侧训练

在传统的训练中，绝大多数的肌肉训练都是双侧力量练习，也就是说当训练右侧肌肉动作时，左侧与右侧一样也在进行着相对应的动作练习。然而，这种动作的同一性在日常生活中几乎找不到。

因此，针对竞技运动，或者针对我们本书中所阐述的自行车运动员的身体运动功能训练，单侧训练的必要性与科学性需要特别指出。

单侧训练是指在动作模式中，把人体按照矢状轴划分为两侧，以训练人体一侧为主的动作模式训练。单侧训练可以有效地强调动作质量的提高，能够有效防止能量泄漏，保证实现力量最大值、延长力的作用时间，提高力的作用速度，大大提高下肢动作效率。

单侧运动训练手段可以有效地利用动力链传导的原理，即充分利用肌肉链、关节链的原理，来对运动训练进行设计。动作模式的设计多以多关节、多平面的动作为主，尤其在以下肢为主的运动中保证髋、膝、踝三关节的协同运动，充分发挥关节链的传递效能。因此，进行单侧动作模式力量训练更加符合动力链传递原理，有利于提高动力链传递的效率。

克纳皮（Knapi）和其他研究人员在1992年发表在《运动医学》杂志上的一篇文章中声称，没有确切的证据证明特定肌群的肌肉紧张或松弛与损伤之间存在联系，但是人们注意到，左右侧力量和柔韧性存在不均衡现象的运动员发生损伤的几率较大。肌肉不均衡的问题必须经过特定的练习才能得到修正。通常情况下，非对称性运动训练可以有效地解决肌肉的不均衡问题。然而自行车运动员下肢一系列的单腿练习就属于非对称性动作练习，通过单侧练习可以有效地解决自行车运动员左右腿肌群的不均衡问题。

四、青少年身体运动功能训练的基本姿势

（一）运动准备姿

双脚开立略宽于肩（也可前后站立），身体略前倾，双臂置于体侧，臀大肌收紧并呈高位半蹲姿势，膝关节不超过脚尖垂直面，躯干保持挺直姿势。（图2-2-2）

图2-2-2　运动准备姿

（二）半蹲姿

双脚开立略比肩宽，脚尖朝前，以髋关节屈为主身体重心下降，同时保持躯干正直，膝关节被动屈曲，角度大于90°，大腿高于膝关节，双臂可平举或叉腰，维持身体平衡。（图2-2-3）

图2-2-3　半蹲姿

（三）深蹲姿

与半蹲姿要求相似，但身体下蹲幅度更大，要求膝关节角度小于90°，大腿平行或低于膝关节。（图2-2-4）

图2-2-4　深蹲姿

（四）高分腿姿

高分腿姿一般为双脚前后分立，躯干正直，重心位于两腿之间，两腿伸直或者前腿略微弯曲。（图2-2-5）

图2-2-5　高分腿姿

（五）弓步姿

两脚前后开立，躯干正直，身体重心位于临近前腿的躯干正下方，后腿蹬直，一般为前脚掌着地，脚尖指向正前方；前腿膝关节屈曲90°，大腿与地面平行。（图2-2-6）

图2-2-6　弓步姿

（六）侧弓步姿

两脚左右开立，躯干平直，身体重心位于近侧腿的躯干正下方；远侧腿蹬直，全脚掌着地，脚尖指向正前方；近侧腿膝关节屈曲90°，大腿与地面平行。（图2-2-7）

图2-2-7　侧弓步姿

（七）分腿蹲姿

分腿蹲姿又称剪蹲姿，要求前支撑腿的大腿与地面平行且与小腿保持90°角，后支撑腿的膝关节弯曲并稍稍离地，也可以略高一些，重心在躯干正下方，大小腿夹角呈90°，躯干保持挺直，稍收腹，后腿膝关节低于踝关节。（图2-2-8）

图2-2-8　分腿蹲姿

（八）分腿跪姿

与剪蹲姿相似，双腿前后分腿支撑，重心在躯干正下方，要求前支撑腿的大腿与地面平行且与小腿保持90°夹角，后支撑腿大小腿夹角呈90°，躯干保持挺直，稍收腹，后腿膝关节触地。（图2-2-9）

图2-2-9　分腿跪姿

（九）跪姿

躯干挺直，双腿膝关节弯曲跪立在地面上，大小腿夹角约为90°，收腹挺胸，足尖触地。（图2-2-10）

图2-2-10　跪姿

（十）仰卧姿

身体仰卧于地面、练习凳或其他支撑面，双腿伸直，双臂置于体侧，一般为直腿仰卧姿。在不稳定支撑面上，如以瑞士球为支撑，躯干上部紧贴瑞士球，双脚支撑地面成仰卧姿势，则为屈膝型仰卧姿。（图2-2-11）

图2-2-11　仰卧姿

（十一）俯卧姿

身体平趴于地面、练习凳或瑞士球，如以瑞士球为支撑，脚支撑地面，胸部紧贴瑞士球，腰背保持紧张，身体保持在同一水平面。（图2-2-12）

图2-2-12 俯卧姿

第三章
青少年自行车运动员上肢动作模式

上肢动作模式分为推和拉，又可分别细化为水平和垂直两个方向，本章依此顺序，对于常用器械功能训练方法进行介绍。通过对本章内容的学习与了解，读者不仅可以掌握常见器械上肢动作模式的训练方法，也可以举一反三，利用器械共性特征，根据器械与自身条件，对于训练方法手段进行创新。

第一节 上肢推动作模式

一、杠铃推

（一）坐姿垂直推

练习目的：主要发展背阔肌、肩部和手臂力量。

练习方法：上身挺直坐在练习凳上，大小腿弯曲90°，双手正握杠铃杆，握距比肩稍宽，将杠铃置于颈后部肩上部位，双臂快速将杠铃垂直推过头顶，完成后双臂缓慢将杠铃收回，依此循环练习。（图3-1-1）也可将杠铃置于颈部前侧，将杠铃缓慢垂直向上推。可通过增加杠铃重量和坐在非稳定器械上加大动作难度。

图3-1-1 坐姿垂直推

练习要求：在杠铃垂直上推过程中保持上身挺直，不能塌腰，尽量避免身体晃动。

（二）分腿跪姿垂直推

练习目的：主要发展背阔肌、肩部和手臂力量，同时增加核心稳定性。

练习方法：身体保持分腿（或双腿）跪立姿势，双手正握杠铃杆，握距比肩稍宽，将杠铃提起约与肩平，置于胸前并保持稳定，双臂快速将杠铃垂直推过头顶，完成后缓慢将杠铃收回，依此循环练习。还可将杠铃置于颈部后侧，双臂将杠铃缓慢垂直向上推（图3-1-2）。可通过增加杠铃重量和脚站在非稳定器械上加大动作难度。

图3-1-2 分腿跪姿垂直推

练习要求：在杠铃垂直上推过程中保持单腿或双腿跪立姿势，不能塌腰。

（三）瑞士球坐姿垂直推

练习目的：增加了不稳定状态，主要发展三角肌前束、肱三头肌和手臂力量。

练习方法：上身挺直坐在瑞士球上，双手正握杠铃置于头顶，距离比肩稍宽，手臂伸直，肩胛骨内收，控制杠铃，竖直缓缓放下至体前肩部高度，可置于颈后，也可置于胸前，保持2~3秒稳定，快速推起杠铃，回到起始姿势，依此循环练习。（图3-1-3）

练习要求：在垂直推过程中保持挺胸直背，腹部收紧，双脚紧贴地面，尽量避免身体晃动。

3-1-3 瑞士球坐姿垂直推

（四）BOSU球剪蹲垂直推

练习目的：主要发展背阔肌、肩部和手臂力量，同时提高核心稳定性。

练习方法：身体保持分腿蹲姿势，前脚全脚掌踏在平衡盘或BOSU球上，将杠铃提起置于颈后肩上，保持稳定，双臂快速将杠铃垂直推过头顶，并控制2~3秒，完成后双臂缓慢将杠铃收回，依此循环练习（图3-1-4）。也可将杠铃置于颈前胸部上方缓慢垂直向上推。

练习要求：在杠铃垂直上推过程中不能塌腰，身体维持平衡和稳定。

图3-1-4　BOSU球剪蹲垂直推

（五）坐姿水平推

练习目的：主要发展胸肌、肩部和手臂力量。

练习方法：坐于练习凳上，双脚着地，双腿略分开，躯干挺直，双手正握杠铃杆比肩稍宽，屈肘把杠铃杆置于胸前颈部下方，将杠铃提起约与肩平，双臂向前快速平推杠铃，完成后双臂缓慢将杠铃收回，依此循环练习（图3-1-5）。可通过增加杠铃重量和非稳定器械支撑面加大动作难度。

练习要求：在平推过程中上身保持挺直，不能塌腰，尽量避免身体晃动。

图3-1-5　坐姿水平推

（六）站姿斜上推

练习目的：发展肱三头肌、斜方肌和背阔肌力量。

练习方法：身体直立，腹部紧张，两脚开立与肩同宽，双手正握杠铃杆，比肩稍宽，将杠铃置于胸前，伸臂快速向前斜上方推出，完成后双臂缓慢将杠铃收回，依此循环练习（图3-1-6）。可通过增加杠铃的重量加大动作的难度。

练习要求：在向斜前上方推的过程中保持上体正直，脚掌要紧贴地面，尽量避免身体晃动。

图3-1-6　站姿斜上推

（七）BOSU球跪姿水平推

练习目的：主要发展背阔肌、胸肌、肩部和手臂力量，同时发展躯干支柱稳定性。

练习方法：双膝跪于BOSU球上，两腿稍分开，双手正握杠铃杆，比肩稍宽，将杠铃提起置于胸前颈部下方，双臂发力向前快速平推杠铃，完成动作后双臂缓慢将杠铃收回，依此循环练习。（图3-1-7）

练习要求：在杠铃推举过程中保持双膝跪立姿势，不能塌腰，身体维持平衡和稳定。

图3-1-7　BOSU球跪姿水平推

（八）卧推

练习目的：主要发展胸肌、肩部和手臂力量。

练习方法：身体平躺于练习凳上，双臂伸直，双手正握杠铃置于胸部正上方，握距略比肩宽，屈肘使杠铃缓缓垂直下降至胸前，接着快速向上推起至起始位置，依此重复练习。（图3-1-8）

练习要求：肘关节不要低于肩部水平面，推起杠铃时要时刻保持双脚触地，躯干、臀部和肩部紧贴在练习凳上，动作要有爆发力。

图3-1-8　卧推

二、哑铃与壶铃交替推

（一）跪姿肩上交替推

练习目的：主要发展三角肌、肩部、斜方肌和手臂力量。

练习方法：身体呈跪姿，双腿并拢，双手对握哑铃屈肘置于肩关节正上方，保持躯干呈一条直线。开始时双臂交替用力上举，手臂须与地面垂直，在最高点保持2秒后，再恢复至起始位置，依此重复练习。（图3-1-9）

练习要求：练习时始终保持躯干直立，头部正直。

图3-1-9　跪姿肩上交替推

（二）站姿肩上交替推

练习目的：主要发展胸肌、背阔肌、三角肌、肩部和手臂力量。

练习方法：两脚开立略比肩宽，两手对握壶铃屈肘置于肩上，身体保持正直。一侧手臂用力，由肩上垂直向上推举壶铃至头上方，保持1~2秒后缓缓恢复至起始姿势，如此两臂交替进行。（图3-1-10）

练习要求：练习时保持身体稳定，注意调整呼吸、幅度和动作节奏。

图3-1-10　站姿肩上交替推

（三）剪蹲肩上交替推

练习目的：主要发展三角肌、肩部、斜方肌和手臂力量，同时发展核心稳定性。

练习方法：身体呈低分腿姿，屈肘双手对握哑铃置于肩关节正上方。开始时双臂尽力交替上举，手臂与地面垂直，在最高点保持1~2秒后，再恢复至起始位置，依此重复练习。（图3-1-11）

练习要求：练习时始终保持躯干直立，头部正直。

图3-1-11　剪蹲肩上交替推

(四)瑞士球坐姿交替推举

练习目的：主要发展胸肌、背阔肌、三角肌、肩部和手臂力量,同时发展核心稳定性。

练习方法：坐于瑞士球上,双脚全脚掌着地,略比肩宽,双手对握壶铃屈肘置于肩上,身体保持正直,一侧手经耳侧向上垂直推举壶铃至头顶上方,然后缓缓复位,两臂交替进行。(图3-1-12)

练习要求：练习时保持身体稳定,注意调整呼吸、幅度和动作节奏。

图3-1-12 瑞士球坐姿交替推举

(五)BOSU球跪姿交替垂直推

练习目的：主要发展三角肌、肩部、斜方肌和手臂力量,同时发展核心稳定性。

练习方法：双膝跪于BOSU球上,两腿稍分开,上身保持正直,双手对握哑铃屈肘置于肩关节正上方,保持躯干挺直。开始时双臂尽力交替上举,手臂须与地面垂直,在最高点保持2秒后,再恢复至起始位置,依此重复练习。(图3-1-13)

练习要求：在哑铃推举过程中保持双膝跪立姿势,不能塌腰,身体维持平衡和稳定。

图3-1-13 BOSU球跪姿交替垂直推

（六）仰卧姿屈腿交替卧推

练习目的：主要发展胸肌、肩部和核心区力量。

练习方法：仰卧于长凳上，大腿与躯干、大腿与小腿呈90°，脚尖勾起，双手对握持哑铃置于胸部两侧，前臂垂直于地面；两臂交替垂直上推，然后落回原位（图3-1-14）。在练习过程中，保持大小腿呈90°，一侧手臂垂直下落于胸侧稳定后，再上推另一侧哑铃。可变化为双臂同时上举，则能更加稳定地控制推举动作。

练习要求：在练习过程中肘关节勿外翻；推的动作要求慢下快起，不能弓腰，尽量避免身体晃动。

图3-1-14 仰卧姿屈腿交替卧推

三、其他形式的推

（一）弹力带弓步跪姿前推

练习目的：主要发展不稳定姿态下的胸肌、肩部和手臂平推力量，同时发展核心稳定性。

练习方法：身体呈弓步跪姿，双手握弹力带两端，拉至肋间两侧，前臂与地面平行。练习时，单臂快速将弹力带平上推至呈直臂，手臂须成水平状，保持1~2秒后缓慢收回，两侧依此练习，也可穿插双臂同时前推。（图3-1-15）

练习要求：练习过程中保持弓步跪姿，不能塌腰，身体保持平衡和稳定。提高难度可换为直线弓步蹲或者后脚下放BOSU球。

图3-1-15　弹力带弓步跪姿前推

（二）悬吊带俯卧撑

练习目的：主要发展胸肌、肩部、肱三头肌和手臂力量，以及核心稳定性。

练习方法：身体保持俯卧姿势，双腿并拢，双手握住悬吊带的两端，保持躯干呈一条直线。开始时双臂弯曲，移动至双臂缓慢伸直的位置，保持2秒后恢复至起始位置，依此循环练习。（图3-1-16）

练习要求：在进行悬吊带练习时要保持躯干稳定，避免出现弓背或其他代偿动作。

图3-1-16　悬吊带俯卧撑

（三）瑞士球俯卧撑

练习目的：主要发展胸肌、肩部、肱三头肌和手臂力量，以及核心稳定性。

练习方法：身体保持俯卧姿势，双腿并拢，双手扶瑞士球的两端，保持躯干呈一条直线。双臂缓慢屈肘，身体保持平板降至胸部轻触瑞士球，在最低点保持2秒后，再用力推起身体恢复至起始位置，依此循环练习。（图3-1-17）

练习要求：练习时身体始终保持平板姿势，头部正直。身体下降时，肘关节向身体两侧收，勿外展。

图3-1-17　瑞士球俯卧撑

第二节　上肢拉动作模式

一、杠铃拉

（一）俯卧拉

练习目的：主要发展背阔肌、斜方肌、三角肌后束、肱二头肌和肩袖肌群等。

练习方法：俯卧于长凳上，双手正握杠铃杆，握距稍比肩宽，身体紧贴长凳。挺胸直背，肩胛向内收紧，屈肘将杠铃杆拉近胸部，手臂慢慢伸直，将杠铃杆缓慢放回，回到起始姿势。（图3-2-1）

练习要求：保持身体紧贴长凳，不要晃动；每次要拉至最高点；也可通过改变长凳的角度变为斜卧拉。

图3-2-1 俯卧拉

（二）俯身回拉

练习目的：主要发展背阔肌、斜方肌和斜三角肌力量。

练习方法：两脚开立与肩同宽，膝盖弯曲约150°，挺胸，收紧腰腹部，臀部紧张，保持躯干挺直。双手握住杠铃自然下沉于体前，回拉时，双臂于身体两侧夹紧，体会背阔肌的力量，使杠铃与大腿平行回拉至胸部，稍微停顿，然后慢慢还原至起始位置。（图3-2-2）

练习要求：练习时下肢与上体保持稳定，避免身体后仰；回拉时肩胛尽量靠拢；动作速度不要太快，但中途不能停顿。

图3-2-2 俯身回拉

（三）站姿上拉

练习目的：发展斜方肌、三角肌、肩胛提肌和肱二头肌力量。

练习方法：双脚开立与肩同宽，保持腰背挺直，腹肌收紧，双手正握杠铃，将杠铃置于大腿前方，双手握距比肩稍宽。肩部发力，垂直向上拉起杠铃至下颌位

置，肘关节尽可能抬高，稍作停顿，将杠铃缓慢放下至起始位置。（图3-2-3）

练习要求：练习时要保持身体的整体稳定；杠铃重量要适中，上拉时，轨迹应竖直向上。

图3-2-3　站姿上拉

（四）站姿弯举

练习目的：主要发展肱二头肌、肱肌和肱桡肌等。

练习方法：两脚开立与肩同宽，双手反握杠铃，握距与肩同宽。上臂保持不动并贴紧躯干，屈肘举起杠铃使其尽可能靠近肩部，保持2秒，缓缓复位，依此重复。（图3-2-4）

练习要求：保持挺胸直背，腹部收紧，身体不要晃动；弯举过程中，肘部固定且贴近身体。

图3-2-4　站姿弯举

三、哑铃与壶铃拉

（一）三点支撑屈体拉

练习目的：主要发展背阔肌、后三角肌、肱三头肌、肩部和手臂力量。

练习方法：运动员同侧手与膝关节支撑于练习凳上，另一侧腿支撑于地面，同时异侧手持哑铃，三个支撑点的肢体与地面或练习凳成直角，躯干与地面平行。形成三点稳固支撑后，持哑铃一侧上肢上拉，把哑铃拉至胸侧，同时肩胛尽量收紧，最高点保持1~2秒，缓缓复位，依此两侧交替练习。（图3-2-5）

练习要求：控制好呼吸，保持躯干挺直，避免出现弓背等代偿现象；单手拉的时候注意保持肩部的稳定，不能出现肩部的下垂与上扬，头部与地面平行；每次拉至最高点。

图3-2-5 三点支撑屈体拉

（二）瑞士球俯身手撑单臂拉

练习目的：主要发展背阔肌、斜方肌、肱三头肌和手臂力量。

练习方法：上体前倾，躯干平直与地面平行或与地面成较小角度，一只手放在瑞士球上做支撑，身体保持稳定，单手握壶铃，壶铃垂直悬于身体下方。将壶铃向上拉至胸侧，肩胛收紧，然后缓慢放下，依此两臂交替练习。（图3-2-6）

练习要求：练习时要保持躯干稳定，避免出现弓背或其他代偿动作；壶铃尽量拉至最高，肩胛要收紧。

图3-2-6 瑞士球俯身手撑单臂拉

（三）瑞士球俯身跪撑单侧拉

练习目的：主要发展背阔肌、斜方肌、肱二头肌和手臂力量，提高身体不稳定状态下的控制能力。

练习方法：右手和右膝支撑在瑞士球上，左手握哑铃垂直悬于身体下方，左腿微屈膝站立，躯干始终与地面保持平行。左手握哑铃上拉，将上臂拉至与躯干平行，随后缓慢恢复至起始姿势，依此重复完成单臂练习后，换另一侧进行练习。（图3-2-7）

练习要求：练习时要保持躯干稳定，避免出现弓背或其他代偿动作；尽量上拉哑铃至最高点，同时肩胛收紧。

图3-2-7 瑞士球俯身跪撑单侧拉

（四）俯卧撑回拉

练习目的：发展三角肌、胸肌、背阔肌、肱二头肌、肱三头肌、斜方肌力量。

练习方法：双手对握哑铃，身体呈手撑俯桥姿。首先完成一个双臂俯卧撑，恢

复到起始姿势，然后单臂分别上拉哑铃，各完成一个单手划船动作，依此重复练习。（图3-2-8）

练习要求：练习时要保持躯干稳定，避免出现弓背或其他代偿动作出现。

图3-2-8　俯卧撑回拉

（五）燕式平衡双臂拉

练习目的：主要发展背阔肌、大圆肌、斜方肌、肱二头肌和臀大肌。

练习方法：单腿支撑站立，身体前倾与地面平行，悬空腿伸直与躯干成一条直线，支撑腿膝关节被动微屈，双手对握哑铃自然垂于肩部下方。在保持好燕式平衡的基础上，双臂上拉哑铃，上拉时两侧肩胛骨内收，屈臂抬肘，将哑铃上提至腹部高度，然后缓缓放下哑铃，回到起始姿势，依此重复练习。（图3-2-9）

练习要求：控制好身体姿势，保持稳定的燕式平衡；上拉时，需要肩胛重复内收。

图3-2-9　燕式平衡双臂拉

四、其他形式的拉

（一）弹力带弓步双臂抗阻下拉

练习目的： 主要发展背阔肌、肩部、肱三头肌和手臂力量。

练习方法： 成弓步跪姿，双臂上举拉紧弹力带并与地面保持垂直。双臂发力下拉弹力带至肩部上方，也可继续拉至腹部后，做屈肘下推，在最低点保持2秒后恢复至起始位置，依此循环练习。（图3-2-10）

练习要求： 做弓步跪姿时腿部与臀部相应肌群要紧张；整个过程中身体保持稳定，尤其是躯干稳定，避免出现弓背或其他代偿动作。

图3-2-10 弹力带弓步双臂抗阻下拉

（二）悬吊带仰卧上拉

练习目的： 主要发展背阔肌、肩部、肱三头肌和手臂力量。

练习方法： 身体保持仰卧姿势，双手握住悬吊带的两端，双臂伸直，双脚略分开置于练习凳上，保持躯干呈一条直线。两臂发力回拉，使身体向上移动，尽量使胸部贴近手柄，在最高点保持2秒后，恢复至起始位置，依此循环练习。（图3-2-11）

练习要求： 练习时要保持躯干稳定，避免出现弓背或其他代偿动作。

图3-2-11　悬吊带仰卧上拉

（三）瑞士球俯卧回拉哑铃

练习目的：主要发展三角肌、斜方肌、胸大肌力量。

练习方法：两腿自然分开，俯卧于瑞士球上。脚尖撑地，胸部贴紧瑞士球，双手持哑铃于身体两侧。两臂上拉哑铃至肩下方，保持1~2秒，然后缓慢回放哑铃至起始位置，依此循环练习。（图3-2-12）

练习要求：练习过程中需要保持背部肌肉紧张，身体重心稳定。

图3-2-12　瑞士球俯卧回拉哑铃

第四章
青少年自行车运动员下肢动作模式

> 下肢是人体的主要组成部分，具有支撑人体、产生力量、传递力量的重要作用，因此提升下肢动作效率对力量的产生和传递、动作的执行和控制都具有重要的意义。

第一节 下肢推动作模式

一、杠铃推

（一）深蹲

练习目的：主要发展股四头肌、臀大肌、内收肌群和下背部等。

练习方法：直立姿势站立，两脚分开与肩同宽，脚尖向前，双手正握杠铃置于颈后肩上，握距比肩略宽，肩关节肌肉紧张，锁住双肩。屈膝屈髋缓慢下蹲至深蹲姿，双腿发力快速站起，回到起始姿势，重复规定次数。也可把杠铃置于颈部前完成颈前深蹲。（图4-1-1）

练习要求：站立时保持挺胸直背，腰腹收紧，踝、膝、髋关节呈一条直线；下蹲时膝关节尽量不超过脚尖或内扣和外展，脚跟不要离开地面；下蹲时呼气，返回时吸气；当踝关节灵活度受限时，可在足跟下垫杠铃片，依靠抬高足跟完成。

图4-1-1　深蹲

（二）剪蹲

练习目的：主要发展股四头肌、腘绳肌、臀大肌，以及内收肌群与下背部肌肉等。

练习方法：高分腿姿站立，左腿在前，躯干微前倾，身体重心保持在两腿之间，双手正握杠铃置于颈后肩上，握距略比肩宽。保持躯干微前倾，屈膝身体下降成低分腿跪蹲姿势，右踝、右膝、右髋在一个平面上，双膝均弯曲约90°，左腿充分蹬伸站起，回到起始姿势，重复规定次数，换对侧练习。（图4-1-2）

图4-1-2　剪蹲

练习要求：保持挺胸直背，腰腹收紧；双脚始终紧贴地面，同时膝关节尽量不要超过脚尖或者内扣和外展；下蹲时呼气，返回时吸气。

（三）侧向登高

练习目的：主要发展股四头肌、臀大肌、内收肌群和腘绳肌等。

练习方法：双手正握杠铃置于颈后肩上，握距略比肩宽，身体侧对跳台，临近腿屈膝踏于跳台上，远端腿于跳台下保持直立。屈膝腿快速下蹬，身体保持正直站起，单腿站立于跳台上，缓慢回到起始姿势，重复规定次数后换腿练习。（图4-1-3）

练习要求：保持挺胸直背，腰腹收紧；保持骨盆与肩部水平；维持好身体平衡。

图4-1-3　侧向登高

二、哑铃与壶铃推

（一）单腿半蹲

练习目的：主要发展臀大肌、股四头肌、肩部肌群等。

练习方法：双手持哑铃或壶铃，右腿站立、左腿悬空，躯干挺直，保持好平衡，屈髋，臀部向后，同时右腿屈膝缓慢下蹲成半蹲姿。支撑腿快速蹬地站起，回到起始姿势，重复规定次数，换对侧练习。（图4-1-4）

练习要求：保持挺胸直背，腰腹收紧；支撑腿一侧踝、膝、髋在一个平面上，膝关节尽量不要超过脚尖或者内扣和外展，脚跟不离地；下蹲时呼气，返回时吸气。

图4-1-4　单腿半蹲

（二）后足抬高分腿蹲

练习目的：主要发展股四头肌、臀大肌和下背部肌群等。

练习方法：高分腿姿站立，左腿在前、右腿在后，右脚置于跳箱上，躯干微微向前，身体重心保持在前脚，双手对握哑铃自然置于体侧。保持躯干微前倾，屈膝，身体下降成低分腿蹲姿势，左膝与左髋在一个平面上，左腿屈膝约90°，左腿充分蹬伸快速站起，回到起始姿势，依此重复规定次数，换对侧练习。（图4-1-5）

练习要求：保持挺胸直背，腰腹收紧；支撑腿膝关节尽量不要超过脚尖或内扣和外展，脚跟不要离地；始终保持同侧的踝、膝、髋关节在一个平面上；下蹲时呼气，返回时吸气。

图4-1-5 后足抬高分腿蹲

（三）侧弓步蹲

练习目的：主要发展股四头肌、腘绳肌、臀大肌及内收肌群等。

练习方法：正常站立，双手握哑铃自然垂于体侧，保持右腿伸直，右脚蹬地，向左迈一大步，左脚落地，屈膝屈髋下蹲，保持左膝与左髋在一个平面上，双臂持哑铃分别垂直于双腿之间与身体左侧，保持好侧弓步姿势。右脚保持固定，左腿快速蹬伸，身体重心向右侧移动，回到站姿，重复规定次数，换对侧练习。（图4-1-6）

练习要求：保持挺胸直背，腰腹收紧；双脚始终紧贴地面，同时膝关节尽量不要超过脚尖或内扣和外展；下蹲时呼气，返回时吸气。

图4-1-6 侧弓步蹲

三、其他形式的推

（一）斜卧抗阻双腿蹬

练习目的：主要发展股四头肌、腘绳肌、臀大肌及内收肌群等。

练习方法：坐于卧蹬器上，调节位置可使双腿完全伸直并踩于卧蹬板，双臂握住两侧手柄，屈髋屈膝。保持腰背部紧贴座板，双腿快速发力并完全伸直将卧蹬器蹬起，然后双腿蹬伸使卧蹬器缓慢下降，回到起始姿势，重复规定次数（图4-1-7）。也可做斜卧抗阻单腿蹬。

练习要求：保持挺胸直背，腰腹收紧；膝关节尽量不要内扣和外展；下落时呼气，返回时吸气。

图4-1-7　斜卧抗阻双腿蹬

（二）坐姿双腿水平蹬

练习目的：主要发展股四头肌、腘绳肌、臀大肌及内收肌群等。

练习方法：坐于超等长训练器上，调节位置可使单腿完全伸直并踩于蹬板上，双臂握住两侧手柄，屈髋屈膝使踏板收回。保持腰背部紧贴座板，双腿快速发力并完全伸直将踏板蹬起，屈髋屈膝使踏板缓慢下降，回到起始姿势，重复规定次数（图4-1-8）。也可做坐姿水平单腿蹬。

练习要求：保持挺胸直背，腰腹收紧；膝关节尽量不要内扣和外展；下落时呼气，返回时吸气。

图4-1-8　坐姿双腿水平蹬

（三）弹力带坐姿腿前伸

练习目的：主要发展伸膝肌群力量。

练习方法：坐姿，将弹力带束于踝关节上方，双腿并拢，根据个人力量情况调节弹力带长度，固定后端。保持腰背挺直，双腿快速发力至完全伸直，然后缓慢收回到起始姿势，依此重复规定次数。（图4-1-9）

练习要求：保持挺胸直背，腰腹收紧；膝关节尽量不要内扣和外展；伸展时呼气，返回时吸气。

图4-1-9　弹力带坐姿腿前伸

第二节　下肢拉动作模式

一、杠铃拉

（一）六角杠铃硬拉

练习目的：主要发展臀大肌、竖脊肌和腘绳肌等。

练习方法：站姿，双脚平行开立比肩稍宽，双手对握六角杠铃，身体紧张。缓缓下蹲，臀肌与腿部后群肌肉拉紧，同时保持挺胸直背，双肩向后打开，肩胛骨内收，腰腹收紧，主动屈髋，身体至深蹲，整个过程中保持杠铃垂直起落，杠铃片轻触地面后，控制好杠铃1~2秒，主动伸髋，身体恢复起始站立姿势，依此重复练习。（图4-2-1）

练习要求：练习过程中保持挺胸直背，膝关节尽量不要超过脚尖或内扣和外展；在提拉过程中保持杠铃贴近腿部；提拉时呼气，返回时吸气。

图4-2-1　六角杠铃硬拉

（二）普通杠铃硬拉

练习目的：主要发展臀大肌、大腿后群肌肉、竖脊肌等。

练习方法：站立姿势，双脚平行开立比肩稍宽，双手正握（或正反握）杠铃。

保持挺胸直背，双臂伸直，肩胛骨内收，腰腹收紧，缓缓屈髋并被动屈膝，使杠铃垂直缓慢下降至轻触地面，保持1~2秒，髋关节快速发力，身体直立，提拉过程中保持杠铃垂直起落。（图4-2-2）

练习要求：练习过程中，保持挺胸直背；膝关节尽量不要超过脚尖或内扣和外展；在提拉过程中保持杠铃贴近腿部；提拉时呼气，返回时吸气。

图4-2-2　普通杠铃硬拉

二、哑铃与壶铃拉

（一）单脚罗马尼亚硬拉

练习目的：主要发展臀大肌、大腿后群肌肉、竖脊肌等。

练习方法：站姿，双脚开立与肩同宽，直臂双手对握哑铃置于体侧，保持双臂自然下垂，右腿为摆动腿，伸直缓慢向后抬起。左腿支撑且以左髋为轴，上体被动前倾，直至上体和右腿连线几乎与地面平行，左腿膝关节微屈，然后右腿与上体缓缓复位，回到起始姿势，重复规定次数，换对侧练习。（图4-2-3）

练习要求：保持挺胸直背，肩胛骨打开，腰腹收紧；动作过程中保持直臂与哑铃垂直起落；支撑腿一侧主动屈髋，而膝关节被动屈曲；支撑腿一侧踝、膝、髋在一个平面上；下蹲时呼气，返回时吸气。

图4-2-3　单脚罗马尼亚硬拉

（二）同侧单脚单手罗马尼亚硬拉

练习目的：主要发展臀大肌、竖脊肌及腘绳肌等。

练习方法：单腿站立，右腿为摆动腿，微悬空，左手正握哑铃自然垂于体侧。左腿为支撑腿，以左髋为轴，右腿伸直缓慢向后抬起，同时上体前倾，直至上体和右腿与地面平行，左腿微屈，然后右腿与上体缓缓回到起始姿势，重复规定次数，换对侧练习（图4-2-4）。可做对侧单腿单脚罗马尼亚硬拉。

练习要求：保持挺胸直背，肩胛骨打开，腰腹收紧；动作过程中保持直臂与哑铃垂直起落；支撑腿一侧主动屈髋，而膝关节被动屈曲；支撑腿一侧踝、膝、髋在一个平面上；下蹲时呼气，返回时吸气。

图4-2-4　同侧单脚单手罗马尼亚硬拉

三、其他形式的拉

（一）瑞士球仰卧单腿拉

练习目的：主要发展臀大肌、腘绳肌、竖脊肌和腰方肌等。

练习方法：仰卧在地板上，双手放于身体两侧，掌心向下，双腿伸直，双脚置于瑞士球上。抬起左腿，右脚置于瑞士球上，小腿与脚面成90°；保持左腿姿势不变，左肩到左脚踝成一条直线，将臀部抬离地面，然后左腿姿势不变，右腿屈膝，用脚将瑞士球拉向臀部，直至膝关节成90°，回到起始姿势，换对侧练习（图4-2-5）。如难度过高，可以做仰卧姿双脚回拉。

练习要求：保持挺胸直背，腹部收紧；推拉瑞士球时，保持臀部收紧不下沉。

图4-2-5　瑞士球仰卧单腿拉

（二）悬吊带俯卧交替拉

练习目的：加强身体的旋转稳定性，发展髂腰肌、前锯肌、腹直肌、腹横肌和肩部肌群等。

练习方法：俯撑姿势，两脚撑在悬吊带把手上，手臂伸直，双手距离稍比肩宽，身体从头到脚踝呈一条直线。保持躯干稳定，右腿屈髋屈膝至大腿与地面垂直，回到起始姿势，换对侧练习。（图4-2-6）

练习要求：保持挺胸直背，身体不要晃动；腹部收紧，不要塌腰或翘臀部；保持肩部稳定，肩关节始终在肘腕关节正上方。

图4-2-6　悬吊带俯卧交替拉

（三）弹力带仰卧屈髋提拉

练习目的：主要发展屈髋肌群力量。

练习方法：仰卧在地板上，双手放于身体两侧，掌心向下，双腿伸直，将弹力带束于脚踝，脚面与小腿成90°。一侧屈髋肌群提拉弹力带至大腿与地面垂直，膝关节屈曲90°，回到起始姿势，重复规定次数后换对侧练习。（图4-2-7）

练习要求：保持挺胸直背，腹部收紧；屈髋肌群提拉弹力带时，保持腰背紧贴地板。

图4-2-7　弹力带仰卧屈髋提拉

第五章
青少年自行车运动员躯干支柱训练动作模式

躯干支柱力量训练是身体运动功能训练的核心内容。其训练理论是以核心力量训练为基础，并进行了延伸与扩展，加入了肩关节与颈部的训练。躯干支柱是上、下肢能量传递的枢纽，而且还具有加强或缓冲力量等作用。支柱力量训练对于自行车运动员提高动作的控制能力、形成完整的动力链、降低损伤风险、延长运动寿命都有着至关重要的作用。

第一节 肩部动作模式

一、徒手

（一）俯卧顶收肩

练习目的：提升肩关节的力量与稳定性。

练习方法：双手撑地略宽于肩成俯桥姿。练习中，肩胛尽量打开至最大限度，使躯干上升并保持1~2秒，然后肩胛尽量靠近，使躯干下降保持1~2秒，如此循环。（图5-1-1）

图5-1-1 俯卧顶收肩

练习要求：体会肩胛张开与收紧，不要发生耸肩的情况；在最高点与最低点保持1~2秒；练习过程中，腹部与臀部紧张，保持躯干正直。

（二）站姿俯身IYTW练习

练习目的：提升肩关节的力量与稳定性。

练习方法：站姿，上体略前倾但保持正直。两臂贴头侧上举，手心相对，呈英文字母"I"，然后两臂尽力后伸，保持特定时间后复位，之后两臂分别斜上举（呈字母"Y"）、侧平举（掌心向上呈字母"T"）、屈肘（呈字母"W"）进行肩胛展开与收紧练习。（图5-1-2）

练习要求：练习速度不宜过快，到最大限度时保持1~2秒；身体保持稳定，上体正直；除上举外，不要耸肩。

图5-1-2　站姿俯身IYTW练习

二、器材

（一）坐姿直臂上举哑铃

练习目的：主要发展胸肌、三角肌、背阔肌力量。

练习方法：坐于瑞士球上，两脚开立与肩同宽，保持稳定，两手正握哑铃直臂于胸前平举，身体保持正直。两臂始终伸直，由体前向上举哑铃于头上方，然后复位，依此重复练习。（图5-1-3）

练习要求：控制呼吸，背部直立，身体保持平衡和稳定。

图5-1-3 坐姿直臂上举哑铃

（二）瑞士球背桥哑铃飞鸟

练习目的：发展胸大肌、三角肌、肩部、臀大肌和手臂力量。

练习方法：肩部贴于瑞士球上，呈仰卧姿势，双腿弯曲，双脚着地，大小腿成90°，保持稳定。两手对握哑铃侧平举，做仰卧飞鸟动作。（图5-1-4）

练习要求：练习时保持身体稳定，注意调整呼吸、幅度和动作节奏。

图5-1-4 瑞士球背桥哑铃飞鸟

（三）瑞士球俯卧侧举哑铃（反向飞鸟）

练习目的：发展斜方肌、背阔肌、三角肌、肩部、臀大肌和手臂力量。

练习方法：俯卧于瑞士球上，两腿自然分开，脚尖撑地，胸部贴球，肩部稍超出球。两手对握哑铃，重心保持稳定，背部肌肉紧张，两手持哑铃直臂向体侧打开，成侧平举姿势。（图5-1-5）

练习要求：练习时保持身体稳定，注意调整呼吸、幅度和动作节奏。

图5-1-5 瑞士球俯卧侧举哑铃（反向飞鸟）

第二节 颈部动作模式

一、徒手

（一）站姿体前倾

练习目的：依靠体重训练颈部肌肉。

练习方法：身体直立面对墙壁，双脚开立与肩同宽，双臂置于体侧。身体向前倾，额头顶住墙（可垫舒适的垫子或者毛巾），然后弯曲颈部，眼睛看地面，稍后缓慢还原。（图5-2-1）

练习要求：练习时颈部以下保持直立，整个动作缓慢进行。

图5-2-1 站姿体前倾

（二）对抗手部阻力

练习目的：依靠手部力量训练颈部肌肉。

练习方法：身体呈站姿，头部前屈，双手交叉置于头后并稍微用力抵住头部。练习时，颈部缓缓向后发力，与双手阻力对抗，逐步从屈过渡到伸，还可以双手置于前额或头部两侧，分别进行颈部不同位置的训练。（图5-2-2）

练习要求：双手用力不宜过大，应略小于颈部力量；颈部发力不能过快，动作缓慢为宜。

图5-2-2 对抗手部阻力

(三)背桥头部支撑

练习目的：主要发展斜方肌、三角肌、背阔肌、臀大肌和腘绳肌力量。

练习方法：仰卧于垫子上，双手放于体侧垫子上，屈膝勾脚，以头部和脚作为支撑点，臀部收缩抬起，直至肩、躯干、髋、膝在一条直线上，可以双手撑于体侧进行保护，也可以双臂交叉于胸前增加难度。（图5-2-3）

练习要求：练习时注意保持身体稳定，不要出现弓背。

图5-2-3 背桥头部支撑

二、器材

(一)毛巾抗阻运动

练习目的：利用器械训练颈部肌肉。

练习方法：身体呈站姿，头部前屈，将毛巾套于头上，双手拉住毛巾两端。练习时，双手用力拉紧毛巾，头部对抗阻力向后伸。此练习方法与徒手对抗手部练习相似，需要把毛巾置于头部不同位置，以全面训练颈部。（图5-2-4）

练习要求：双手用力不宜过大，应略小于颈部力量；颈部发力不能过快，动作缓慢为宜。

图5-2-4　毛巾抗阻运动

（二）哑铃片俯卧颈屈伸

练习目的：利用器械训练颈部肌肉。

练习方法：俯卧于长凳上，两脚分开与肩同宽，双手握一杠铃片放在头后部。头先略屈，然后慢慢后伸，重复规定次数。（图5-2-5）

练习要求：练习过程中动作要慢，保持上身稳定。

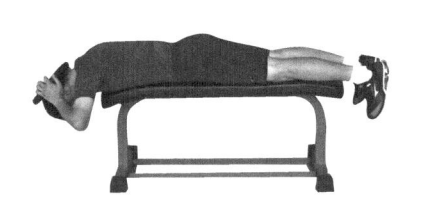

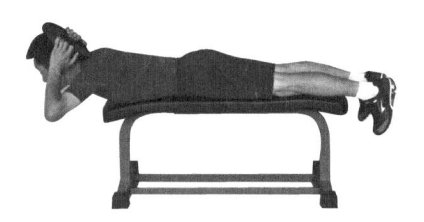

图5-2-5　哑铃片俯卧颈屈伸

（三）瑞士球仰卧颈内收

练习目的：发展胸锁乳突肌、腹直肌、腹外斜肌和腹内斜肌力量。

练习方法：肩部贴于球上方，呈仰卧姿势，双腿弯曲，双脚着地，大小腿成90°，双手握一杠铃片放在额头上，先将头后仰，然后慢慢抬头，直到下巴触到胸

部，随后再缓缓将头后仰，重复规定次数。（图5-2-6）

练习要求：练习过程中动作要慢，躯干和大腿保持一条直线，不能晃动。

图5-2-6　瑞士球仰卧颈内收

第三节　髋关节动作模式

一、徒手

（一）直膝髋外展

练习目的：激活臀部外侧肌群。

练习方法：侧卧于地板上，单手支撑头部，躯干呈一条直线，双腿伸直，双脚脚尖勾起。缓慢抬起上侧腿至最高点，同时保持勾脚尖，1~2秒后缓缓复位，依此重复练习。（图5-3-1）

练习要求：注意保持腹部收紧，臀部外侧肌群发力抬腿。

图5-3-1　直膝髋外展

（二）屈膝髋外旋

练习目的：激活髋外展肌群。

练习方法：侧卧于垫子上，单臂支撑头部，躯干成一条直线，微屈髋，双膝屈曲90°。双脚勾脚，脚跟并拢，上侧腿膝关节上抬，保持1~2秒，为增大髋关节外展幅度，也可以用上侧腿足尖抵住下侧腿小腿做髋外旋。（图5-3-2）

练习要求：躯干尽可能保持稳定，避免代偿，依靠髋关节力量进行外旋；动作速度不宜过快，尤其在外旋后，缓慢地恢复到起始姿态。

图5-3-2　屈膝髋外旋

（三）肘撑侧桥顶髋

练习目的：主要发展肩关节稳定性与髋关节灵活性。

练习方法：侧卧呈侧桥支撑姿势，腹部和臀部收紧，保持背部平直，身体呈一条直线，非支撑手置于同侧髋处，支撑手的前臂贴于地面，上臂与地面垂直，在肩关节的正下方，双脚并拢与前臂支撑于地面，双足背屈。呈正确的侧桥姿势后，髋部先缓慢上升，上升到最高点后再缓慢下降。（图5-3-3）

练习要求：髋关节始终在矢状面；腹部收紧，身体在同一平面内。

图5-3-3　肘撑侧桥顶髋

二、器材

（一）迷你带束膝外展

练习目的：发展臀肌力量，激活臀部肌群，发展髋关节灵活性。

练习方法：基本运动姿势站立，双脚开立与肩同宽，将迷你带束于膝关节上方，双手叉腰，背部挺直，臀肌与腹肌收紧。保持左腿固定，右腿内收、外展，回到起始姿势，重复规定的次数，双腿动作互换，也可以双腿同时做外展、内收。（图5-3-4）

练习要求：保持双脚平行、贴紧地面，以及支撑腿稳定。该动作与臀肌激活练习的区别在于是发展力量，可加大弹力带弹性或增加数量。

图5-3-4　迷你带束膝外展

（二）仰卧杠铃顶髋

练习目的：发展核心区屈曲能力与髋关节力量。

练习方法：仰卧于地板上，双脚支撑，双手正握杠铃置于髋关节上方。臀部收紧，髋关节发力，依靠髋关节力量把杠铃垂直向上顶起，身体成臀桥姿，抬到最高位置保持1秒，缓慢恢复起始姿势，重复规定次数。（图5-3-5）

练习要求：髋关节保持水平。

图5-3-5　仰卧杠铃顶髋

第四节　支柱整体动作模式

一、徒手

（一）猎鸟犬

练习目的：发展核心稳定性及力量。

练习方法：四肢着地，跪撑在地面上，双手距离与肩同宽，位于肩关节的正下方，肘关节打开但不要过伸。慢慢将右臂抬起，同时左腿抬起伸直，与地面平行，身体成一条直线，躯干静止不动，保持1秒，手臂和腿恢复至起始姿势，两侧交替进行。（图5-4-1）

练习要求：练习时背部水平，骨盆保持稳定，身体尽量不要晃动；臀肌、腹肌紧张。

图5-4-1　猎鸟犬

（二）死虫

练习目的：发展核心稳定性与身体协调能力。

练习方法：背部紧贴地面，双臂上举，指向天花板，屈髋、屈膝90°，臀肌紧张，一侧手臂贴近耳缓慢下降于头顶上方，同时异侧腿伸直放平，然后将手臂和腿收回至起始位置，腿伸直时脚不要着地，动作保持1~2秒，做另一侧练习。（图5-4-2）

练习要求：腹部收紧，动作完成缓慢；注意保持身体稳定。

图5-4-2 死虫

（三）俯卧肘脚撑

练习目的：发展上肢力量和核心肌群稳定性。

练习方法：俯卧姿，双肘和双脚四点支撑，保持背部平直，腹部和臀部收紧，身体呈一条直线，肘部在肩部的正下方，前臂紧贴地面，肘关节成90°，保持此姿势30~45秒。（图5-4-3）

图5-4-3 俯卧肘脚撑

练习要求：双腿伸直，双脚分开支撑于地面上。

（四）俯桥手脚撑

练习目的：发展上肢力量和核心肌群稳定性。

练习方法：俯卧，双手和双脚四点支撑，保持背部平直，双臂垂直于地面，双腿分开与髋关节同宽，腹部和臀部收紧，身体呈一条直线，保持此姿势30~45秒。（图5-4-4）

练习要求：手在肩部的正下方，肘关节伸直但不要锁死；双腿伸直，双脚分开支撑于地面上。

图5-4-4　俯桥手脚撑

（五）俯桥异侧手脚起

练习目的：发展核心稳定性与身体协调能力。

练习方法：俯卧于地面成手脚撑俯桥，双腿略分开，身体呈一条直线，头部平直，保持稳定。一侧臂上举过头顶，掌心向下，同时异侧腿后伸抬起，控制1~2秒后缓缓复位，两侧交替练习。（图5-4-5）

练习要求：肢体抬起时，异侧手脚用力支撑保持稳定；肢体向上抬起时吸气，下落时呼气；头部和躯干保持稳定；保持髋关节水平。

图5-4-5　俯桥异侧手脚起

（六）俯桥屈膝触肘

练习目的：发展支柱稳定性与身体协调能力。

练习方法：俯卧于地面成手脚撑俯桥，腹部和臀部收紧，双臂垂直于地面，双腿伸直，保持背部平直，身体呈一条直线。首先做手足起，然后悬空腿屈髋、屈膝上抬，同时异侧手臂屈肘，在身体下方使肘部触碰异侧腿的膝关节并保持1~2秒；缓缓复位，换另一侧练习，达到规定次数。（图5-4-6）

练习要求：注意动作在身体稳定控制的情况下完成，躯干保持稳定，髋关节始终与地面平行；注意呼吸节奏的控制。

图5-4-6　俯桥屈膝触肘

（七）侧桥

练习目的：发展躯干支柱侧、臀部外侧肌群及腿部肌肉力量。

练习方法：身体侧卧，双腿并拢，支撑手垂直于地面，直臂撑起上体，腰腹与臀肌紧张，身体成一条直线，稳定举上侧手臂（图5-4-7）。如难度较大，可做肘撑侧桥降低难度。

练习要求：躯干、臀部和下肢协同发力，髋部挺起，头部保持正直，身体成一条直线且保持稳定。

图5-4-7　侧桥

（八）动态侧桥

练习目的：发展躯干侧链稳定性与肩关节稳定性。

练习方法：侧桥支撑于地面，腹部和臀部收紧，保持背部平直，支撑臂垂直地面，在肩关节的正下方，双脚并拢与前臂共同支撑于地面，双足背屈。身体呈一条直线，保持稳定后，分别做臂上举、上侧腿直腿上举、上侧腿高抬腿、直臂向内转体等动作，每个动作可以重复，也可以交替进行。（图5-4-8）

练习要求：在抬到最大自控能力的高度时保持1秒，缓慢回到初始位置；练习时保持身体在同一冠状面内，腹部收紧；单侧腿外展时注意腿不要外旋，髋关节始终保持稳定。

图5-4-8　动态侧桥

（九）臀桥

练习目的：发展后背部肌群、臀部肌群及躯干支柱稳定性力量。

练习方法：平躺于地面，两臂置于体侧，掌心向下，双腿分开与髋关节同宽，屈膝屈髋，脚跟着地，脚尖勾起。臀部向上发力抬起躯干，肩部着地，躯干与大腿成一条直线，臀肌、腹肌收紧，保持此姿势30~45秒（图5-4-9）。可采用双脚踩BOSU球等不稳定平面增加难度。

练习要求：体会臀肌发力；保持躯干稳定。

图5-4-9　臀桥

（十）动态臀桥

练习目的：发展臀部、大腿后侧及背部肌群，提高躯干支柱稳定性。

练习方法：身体仰卧成臀桥姿势，腹肌、臀肌收紧，保持背部平直，躯干和大腿成一条直线，两手置于体侧，肩部着地，脚尖勾起足跟支撑。保持臀桥稳定，一侧腿小腿抬起伸直与身体成一条直线时保持1~2秒，缓慢回到初始位置，保持好稳定，屈髋屈膝成高抬腿，保持1~2秒，重复规定次数，双腿交替重复练习。（图5-4-10）

练习要求：保持腹肌和臀肌收紧，髋关节稳定；动作需要缓慢，控制好臀桥基本姿势。

图5-4-10　动态臀桥

（十一）婴儿爬

练习目的：发展核心肌群的力量及稳定性。

练习方法：跪姿，俯身屈髋，双手和双膝支撑于地面，保持背部平直，腹部和臀部收紧，手在肩部的正下方，肘关节伸直但不要锁死，躯干与大腿、大腿与小腿约成90°，双脚分开与肩同宽，勾脚尖支撑于地面。膝关节离地，变成左手和右脚尖支撑，右手开始向前伸，同时左腿也向前移动，变成右手和左脚尖支撑，循环练习，重复规定次数。（图5-4-11）

练习要求：在行进过程中，注意动作在身体稳定控制的情况下完成；躯干平直，背部始终与地面平行；注意呼吸节奏。

图5-4-11　婴儿爬

（十二）尺蠖爬

练习目的：发展肩部力量及稳定性、核心力量及稳定性。

练习方法：直立，两脚分开与肩同宽，先屈髋后弯腰，双手于脚尖前着地，双腿伸直。双手交替向前小幅度爬行，重心缓慢前移，保持双腿伸直状态。双手向前爬至最大限度，直至无法撑住身体，保持双腿伸直，双脚交替小幅度前移靠近双手，直至手足相触，依此重复完成规定次数。（图5-4-12）

练习要求：注意保持膝关节伸直，腰腹部收紧；体会大腿后侧肌肉的牵拉感；尽可能爬行到手足相距的最远距离；爬行过程中注意保持躯干的稳定。

图5-4-12　尺蠖爬

（十三）蜘蛛爬

练习目的：发展腹斜肌力量、躯干力量及稳定性。

练习方法：俯卧撑姿，保持背部平直，腹部和臀部收紧，身体成一条直线，手在肩部的正下方，屈肘成90°，保持稳定，左腿屈膝外展抬起向前，同时右手抬起向前，依照此姿势两侧交替向前爬行，如难度过大，可以脚先爬行，然后异侧手再向前爬行。（图5-4-13）

练习要求：头部抬起；躯干保持稳定，髋关节始终与地面平行，尽量减少身体的晃动；注意呼吸节奏的控制。

图5-4-13　蜘蛛爬

二、瑞士球

（一）瑞士球俯撑屈髋直腿回拉

练习目的：发展屈髋肌群、核心区稳定性及肩关节稳定性。

练习方法：俯卧姿，双臂分开与肩同宽，垂直支撑于地面，将脚背置于瑞士球上，压紧瑞士球。核心区紧张，在保证身体稳定的前提下，直腿屈髋收腹，将瑞士球拉近支撑手，身体成折体90°，缓慢直腿伸髋，回到初始姿势，重复规定次数。（图5-4-14）

练习要点：动作缓慢，保持身体稳定；保持好对瑞士球的压力，以控制好瑞士球。

图5-4-14 瑞士球俯撑屈髋直腿回拉

（二）瑞士球俯撑屈髋屈膝回拉

练习目的：发展屈髋肌群、核心区稳定性及肩关节稳定性。

练习方法：俯撑姿，双臂分开与肩同宽或者稍宽，伸直支撑于地面，双腿抬起，小腿与脚背压在瑞士球上，保持稳定。腹部收紧，屈髋屈膝收腹将瑞士球拉向前，并控制好瑞士球，缓慢伸展髋关节与膝关节，回到初始姿势，重复规定次数。（图5-4-15）

练习要求：保持身体稳定，髋部不要发生翻转；主动屈髋、被动屈膝向前拉动瑞士球。

图5-4-15 瑞士球俯撑屈髋屈膝回拉

（三）瑞士球仰卧双腿回拉成臀桥

练习目的：发展股后肌群及核心区稳定性。

练习方法：身体仰卧，双手自然放于身体两侧，掌心向下，双脚压在瑞士球上。上肢固定，支撑腿积极下压，臀肌收紧发力上挺，使髋部、下背部向上，同时股二头肌收缩，用脚后跟将球拉回，直至全脚掌触球，重复规定次数，为增大难度，可做单腿回拉。（图5-4-16）

练习要求：臀肌用力，积极挺髋，身体保持稳定，髋部保持水平。

图5-4-16　瑞士球仰卧双腿回拉成臀桥

（四）瑞士球跪姿（俯卧姿）双手前推

练习目的：发展核心区稳定性及肩关节力量。

练习方法：跪姿，身体稍前倾微屈髋，双臂放在体前的瑞士球上。重心前移到手臂上，使手臂推动瑞士球移动，移动到最大距离后腹肌收缩，髋关节积极屈曲，用手臂将球拉回，重复规定次数，为增大难度，也可做俯卧前推。（图5-4-17）

练习要求：要控制完成动作的时间与速度，不要太快。

图5-4-17　瑞士球跪姿（俯卧姿）双手前推

（五）瑞士球哑铃仰卧上体起

练习目的：发展核心区屈曲能力及稳定性。

练习方法：仰卧姿，上背部置于瑞士球上，双手持哑铃上举，双臂垂直于地面，双脚触地维持稳定，膝关节成90°。腰腹发力，臀部向后，使躯干由水平变为与地面呈45°，双臂保持垂直，控制好哑铃，重复规定次数。（图5-4-18）

练习要求：依靠腰腹发力，使躯干角度变化。

图5-4-18　瑞士球哑铃仰卧上体起

（六）瑞士球哑铃俯卧背起

练习目的：发展核心区后链伸肌力量。

练习方法：俯卧姿，腹部置于瑞士球上，双手持哑铃贴在耳侧，双脚脚尖蹬地。在保持稳定的基础上，躯干做屈伸动作。辅助者可握住训练者双脚保证安全。（图5-4-19）

练习要求：保证动作的连续性，注意屈伸与呼吸相配合。

图5-4-19　瑞士球哑铃俯卧背起

三、其他器械

（一）弹力带（拉力器）侧向跪姿平推

练习目的：发展核心区稳定性。

练习方法：跪姿，前脚掌着地，上体正直，身体与弹力带拉力方向成90°，双手拉紧弹力带置于胸前。双手缓慢向前推出，推到最远点时保持1~3秒，并缓慢复位，重复规定次数（图5-4-20）。可做剪蹲、站姿前推等变换难度的动作。

练习要求：身体保持稳定，腹肌收紧；完成动作速度要缓慢；推的方向在同一个矢状面上。

图5-4-20　弹力带（拉力器）侧向跪姿平推

（二）弹力带（拉力器）侧向分腿跪姿斜向下拉劈

练习目的：发展核心区稳定性。

练习方法：分腿跪姿，弹力带束于头顶斜上方，身体侧对弹力带，内侧腿在前，外侧腿膝关节跪于平衡垫上，双手分开约一臂距离，并拉紧弹力带。双臂用力斜下拉，外侧手臂拉直后，内侧手臂向前推出，缓慢复位，重复规定次数。（图5-4-21）

练习要求：双手斜下拉速度可稍快，内侧手臂前推到最远点时保持1~2秒；腹部绷紧，膝关节不要内扣，躯干保持稳定与拉力对抗；整体完成动作速度要不宜过快。

图5-4-21　弹力带（拉力器）侧向分腿跪姿斜向下拉劈

（三）弹力带（拉力器）侧向分腿跪姿斜向上拉劈

练习目的： 发展核心区稳定性。

练习方法： 分腿跪姿，弹力带束于体侧斜下方，身体侧对弹力带，外侧腿在前，内侧腿膝关节跪于垫上，双手分开约一臂距离，并拉紧弹力带。双臂用力斜上拉，外侧手臂拉直后，内侧手臂向前推出，缓慢复位，重复规定次数。（图5-4-22）

练习要求： 双手斜上拉速度可稍快，内侧手臂前推到最远点时保持1~2秒；腹部绷紧，膝关节不要内扣，躯干保持稳定与拉力对抗；整体完成动作速度要不易过快。

图5-4-22　弹力带（拉力器）侧向分腿跪姿斜向上拉劈

（四）悬吊带肘撑人体锯

练习目的： 发展肩关节力量、灵活度与核心区稳定性。

练习方法： 俯卧姿，双脚伸进悬吊带中，双肘撑于地面，身体与地面平行，前臂紧贴地面，上臂与地面垂直。肩关节用力，使身体整体缓慢向后移动，当移动到

最大距离时再缓慢向前拉,使身体向前移动,重复规定次数。(图5-4-23)

练习要求: 练习时髋关节始终保持稳定,与身体呈一条直线。

图5-4-23　悬吊带肘撑人体锯

(五)悬吊带单臂转体

练习目的: 发展核心旋转力量。

练习方法: 双臂前平举,单臂右手拉紧悬吊带,身体成一条直线向后倾斜,双腿并拢,足跟着地。双脚固定,身体以胸椎为轴向左侧旋转打开,带动左臂直臂向外,直到转体90°,再依靠躯干力量向右侧旋转,恢复起始姿势,重复规定次数。(图5-4-24)

练习要求: 腹部收紧,肩关节、髋关节、膝关节在一个平面上;手臂只起到固定作用,主要依靠核心力量旋转躯干。

图5-4-24　悬吊带单臂转体

（六）悬吊带并腿反向飞鸟

练习目的：发展肩部后群肌及核心的力量与稳定性。

练习方法：悬吊带位于头顶斜上方，面对悬吊带双脚并拢，足跟着地，双手平举拉紧悬吊带手柄，身体保持平直。双肩用力打开，带动躯干前移，身体成T字型后保持1~2秒缓慢复位，依此重复训练。（图5-4-25）

练习要求：悬吊带绷紧，依靠肩部力量打开悬吊带，不要耸肩；身体始终保持直体姿态；动作不易过快。

图5-4-25 悬吊带并腿反向飞鸟

（七）杠铃（健腹轮）跪姿直髋前推

练习目的：发展核心区力量与稳定性。

练习方法：跪姿，躯干平直并稍前倾，双手正握位于体前的杠铃，双臂垂直于地面。身体继续前倾，重心前移，躯干带动杠铃向前移动，移动到最大距离后，髋关节积极屈曲，依靠躯干力量把杠铃拉回，重复规定次数。也可以做跪姿屈髋前推成站姿前推增加难度。（图5-4-26）

练习要求：双臂控制好杠铃，依靠躯干力量前推与回拉；要控制完成动作的时间与速度，不要太快；控制好呼吸，不要憋气。

图5-4-26　杠铃（健腹轮）跪姿直髋前推

（八）负重静力体侧悬空

练习目的：发展核心区侧链稳定性。

练习方法：身体侧躺在长凳上，髋关节髂前上棘在长凳边缘，双臂于胸前抱紧杠铃片，躯干悬空，辅助者坐在练习者膝关节处帮助练习者保持平衡。（图5-4-27）

练习要求：练习者躯干保持正直，身体在同一冠状面上；如果练习者无法保持水平姿态，则休息或换另一侧训练。

图5-4-27　负重静力体侧悬空

第六章
青少年自行车运动员全身力量动作模式

> 全身力量动作模式是综合了下肢、核心区、上肢等身体部分所进行的力量训练手段。除了发展各部分的力量素质，全身力量训练的目的更多的是强化运动链，即发展身体各部分之间的相互联系与力量传递。其中身体各部分的相互联系是神经系统之间的沟通能力，力量传递则是锻炼各个关节的稳定性或灵活性。全身力量动作模式一般是在消除了运动链弱链的基础上所进行的综合性身体功能练习。

第一节 全身推动作模式

全身运动中，将负重推离人体重心的动作模式称为全身推动作模式。全身推动作模式是基本的动作模式之一，是人体运动和训练过程中常见的动作模式，该动作模式从关节角度分析主要做髋关节的屈、伸和膝关节的屈、伸及踝关节的屈、伸运动；从肌肉角度分析，主要是小腿肌群、大腿肌群、臀部肌群、腰腹肌群的参与，以及支撑该动作的身体其他部位肌群参与。

一、杠铃推

（一）杠铃1/2奥林匹克挺举

练习目的：提高动力链能量传递效率，提升全面爆发力和力量，主要发展臀大肌、股四头肌、腘绳肌、内收肌、腓肠肌、比目鱼肌、斜方肌和三角肌等。

练习方法：直立姿势站立，屈肘正握杠铃置于肩前，握距与肩同宽。向后屈髋屈膝至1/4蹲位，然后迅速跳起，当下肢完全伸展时，快速将杠铃推举过头顶至双臂伸直，落地呈高分腿姿，先收后侧腿，再收前侧腿，回到起始姿势，重复规定次数。（图6-1-1）

练习要求：开始时，保持挺胸直背；膝关节不要超过脚尖或者内扣；在充分伸髋后再使用上肢推举；动作过程中可踮起脚尖或者跳离地面产生更大爆发力。

图6-1-1　杠铃1/2奥林匹克挺举

（二）杠铃挺举

练习目的：提高动力链能量传递效率，提升全面爆发力和力量，主要发展斜方肌、三角肌、臀大肌、股四头肌和腘绳肌等。

练习方法：直立姿势站立，屈肘正握杠铃置于肩前，握距与肩同宽。向后屈髋屈膝至1/4蹲位，然后迅速蹬地伸髋，当下肢完全伸展时，快速将杠铃推举过头顶至双臂伸直，落地屈膝屈髋，双腿站直，回到起始姿势，重复规定次数。（图6-1-2）

练习要求：开始时，保持挺胸直背；膝关节不要超过脚尖或者内扣；在充分伸髋后再使用上肢推举；动作过程中可踮起脚尖或者跳离地面产生更大爆发力。

图6-1-2　杠铃挺举

二、哑铃或壶铃推

（一）哑铃半蹲至过顶推举

练习目的：提高动力链能量传递效率，提升全面爆发力和力量，主要发展斜方肌、三角肌、臀大肌、股四头肌和腘绳肌等。

练习方法：半蹲姿，双脚分开与肩同宽，脚尖朝前，双手直握哑铃置于肩上耳侧。保持手臂姿势不变，快速伸髋站起，同时将哑铃推举过头顶至手臂伸直；回到起始姿势，重复规定次数。（图6-1-3）

练习要求：保持挺胸直背，腰腹收紧；重心在脚跟，膝关节不要超过脚尖或内扣和外展；推举过程中，保持肩胛骨内收；蹬地推起时呼气，回到起始位置时吸气。

图6-1-3　哑铃半蹲至过顶推举

（二）哑铃单臂分腿蹲至过顶推举

练习目的：提高动力链能量传递效率，提升全面爆发力和力量，主要发展斜方肌、三角肌、臀大肌、股四头肌和腘绳肌等。

练习方法：低分腿蹲姿，左脚在前，右手正握哑铃置于肩上耳侧，左手叉腰。保持双脚位置不变，蹬地站起，同时推举哑铃至肩部正上方，手臂伸直，回到起始位置，重复规定次数，换对侧练习。（图6-1-4）

练习要求：保持挺胸直背，腰腹收紧，膝关节不要超过脚尖或内扣和外展；推举过程中保持肩胛骨内收；蹬地推起时呼气，回到起始位置时吸气。

图6-1-4　哑铃单臂分腿蹲至过顶推举

（三）哑铃交替侧弓步至过顶推举

练习目的：提高动力链能量传递效率，提升全面爆发力和力量，主要发展斜方肌、三角肌、臀大肌、股四头肌、内收肌和腘绳肌等。

练习方法：向右侧跨步成侧弓步姿，双手对握哑铃置于肩上耳侧。右腿向外蹬地站起，双臂伸直向上推起哑铃于头顶正上方，回到起始姿势，重复规定次数（图6-1-5）。还可做交替两侧弓步推举。

练习要求：保持挺胸直背，腰腹收紧；侧跨步时，膝关节不要超过脚尖或内扣和外展；推举过程中，保持肩胛骨内收；蹬地推起时呼气，回到起始位置时吸气。

图6-1-5　哑铃交替侧弓步至过顶推举

（四）哑铃单臂蹬阶推举

练习目的：提高动力链能量传递效率，提升全面爆发力和力量，主要发展斜方肌、三角肌、臀大肌、股四头肌、内收肌和腘绳肌等。

练习方法：站姿，右手直握哑铃置于肩上耳侧。左腿快速踏在跳台上，用力下蹬，身体随即登上跳台，左腿蹬直，右脚抬起，同时，推举哑铃至肩部正上方，手臂伸直，回到起始姿势，重复规定次数，换对侧练习。（图6-1-6）

练习要求：保持挺胸直背，腰腹收紧；跳台上腿的膝盖不要超过脚尖或内扣和外展；蹬伸过程中，支撑腿用力充分；蹬伸时呼气，回到起始位置时吸气。

图6-1-6　哑铃单臂蹬阶推举

（五）哑铃土耳其起身

练习目的：提高动力链能量传递效率，提升全身综合力量，主要发展腹直肌、腹内外斜肌、臀大肌、股四头肌、腘绳肌、内收肌、小腿三头肌、斜方肌和三角肌等。

练习方法：仰卧姿，左腿伸直，右腿屈膝约成90°角，脚踏于地面，右手直握哑铃于胸部上方，手臂伸直且垂直于地面，左臂置于地面与身体约成45°，掌心向下，双眼直视哑铃。上身按照右肩、左肩、腰背的顺序快速挺起离地，以左前臂撑起身体，接着上身挺起，挺胸直背，左臂伸直撑地，右脚及臀部用力，左侧髋向上抬起，左手支撑地面，使身体从头到左脚踝呈一条直线。左脚向后移动单膝跪地，使左膝、右踝与左手在一条直线上，身体挺直，身体呈半跪姿；站起成直立姿，回

到起始姿势，重复规定次数，换对侧练习。（图6-1-7）

练习要求：动作过程中，保持挺胸直背，持哑铃手臂与地面保持垂直；站起前，右臂保持不变，眼睛直视哑铃；动作保持舒展缓慢，控制好呼吸。

图6-1-7　哑铃土耳其起身

三、其他形式的推

（一）药球罗马尼亚硬拉至过顶推举

练习目的：提高动力链能量传递效率，提升全面力量，主要发展臀大肌、股四头肌、腘绳肌、内收肌、腓肠肌、比目鱼肌、斜方肌和三角肌等。

练习方法：双脚开立略宽于肩，双手持药球于胸前，躯干挺直。保持手臂姿势不变，主动屈髋，被动屈膝下蹲至大腿与地面平行，快速挺髋站起，直臂将药球举至头顶上方，回到起始姿势，重复规定次数。（图6-1-8）

练习要求：下蹲时，保持背部挺直，臀部紧张；依靠挺髋力量使身体直立，并顺势上举药球。

图6-1-8　药球罗马尼亚硬拉至过顶推举

（二）药球前抛球

练习目的：提高动力链能量传递效率，提升全身力量传递，主要发展臀大肌、股四头肌、腘绳肌、内收肌、腓肠肌、比目鱼肌、斜方肌和三角肌等。

练习方法：双脚开立比肩略宽，双手持药球于体前。保持手臂姿势不变，屈髋屈膝下蹲至大腿与地面平行，以挺髋为主发力，同时下肢蹬伸，带动躯干、肩部、手臂把动力传递到药球上，尽可能快速向身体前方抛出药球，回到起始姿势，重复规定次数。（图6-1-9）

练习要求：俯身时，保持背部挺直，臀部抬高；动作过程中可踮起脚尖或者跳离地面产生更大爆发力。

图6-1-9　药球前抛球

（三）药球弓步站姿旋转抛球

练习目的：提高躯干的旋转力量和爆发力，有助于发展及强化髋部和躯干力量，提升力的产生速率，主要发展臀大肌、股四头肌、腘绳肌、内收肌、腓肠肌、比目鱼肌、腹内外斜肌、斜方肌和三角肌等。

练习方法：弓步站姿，屈肘双手持药球于胸前。身体重心下降成弓步蹲姿，同时躯干向后支撑腿方向旋转，把药球拉向髋部后侧，通过下肢蹬伸、髋部发力，躯干快速向反方向旋转，旋转力量通过肩部、手臂传递到药球上，尽可能快速向身体侧面抛出药球，回到起始姿势，重复规定次数。（图6-1-10）

练习要求：通过转体屈髋屈膝下蹲，可以增大动作幅度，提升扔球的力量和出手速度；始终保持标准的身体姿势，背部平直，腹部收紧；动作完成连贯，没有停顿。

6-1-10 药球弓步站姿旋转抛球

（四）弹力带深蹲至过顶推举

练习目的：提高动力链能量传递效率，提升全面爆发力和力量，主要发展臀大肌、股四头肌、腘绳肌、内收肌、腓肠肌、比目鱼肌、斜方肌和三角肌等。

练习方法：双手正握弹力带两端置于肩上，并调整适当的弹性，双脚开立与肩同宽。屈髋屈膝下蹲至大腿与地面平行，快速伸髋站起，踮起脚尖，同时顺势将弹力带两端推举过头顶，手臂伸直，掌心朝前，回到起始姿势，重复规定次数。（图6-1-11）

练习要求：开始时，重心在全脚掌，挺胸直背；推举过程中，保持肩胛骨内收，腹部收紧；蹬地推起时呼气，回到起始位置时吸气。

图6-1-11　弹力带深蹲至过顶推举

第二节　全身拉动作模式

全身运动过程中，将负重拉向身体重心的动作模式称为全身拉动作模式。全身拉动作模式主要训练小腿三头肌、大腿前侧肌群、大腿后侧肌群、臀大肌、腰腹肌群、上肢带肌群，以及支撑全身拉动作模式的其他肌群。

一、杠铃拉

（一）杠铃高拉

练习目的：提高动力链能量传递效率，提升全面爆发力，主要发展臀大肌、股四头肌、腘绳肌、内收肌、腓肠肌、比目鱼肌和斜方肌等。

练习方法：半蹲姿，双脚平行开立比髋稍宽，双手正握杠铃，握距稍比肩宽，杠铃置于小腿胫骨前。挺髋快速站起，竖直拉起杠铃，杠铃过膝后，快速伸髋、膝和踝，髋、膝、踝充分伸展的同时快速耸肩，并且屈肘提拉杠铃至锁骨高度，回到起始姿势，重复规定次数。（图6-2-1）

练习要求：开始时，保持挺胸直背，肩胛骨内收，保持杠铃位于胸部正下方；膝关节不要超过脚尖或者内扣；充分伸髋后再使用上肢提拉；动作过程中，可踮起脚尖或者跳离地面产生更大爆发力。

图6-2-1 杠铃高拉

（二）杠铃高翻

练习目的：提高动力链能量传递效率，提升全面爆发力，主要发展臀大肌、股四头肌、腘绳肌、内收肌、腓肠肌、比目鱼肌和斜方肌等。

练习方法：双脚开立比髋稍宽，呈半蹲姿势，双手正握杠铃，握距稍比肩宽，杠铃置于小腿胫骨前。快速伸髋站起，同时快速耸肩，屈肘抬起前臂垂直提拉杠铃，当肘部抬至最高且身体完全伸展时，翻肘翻腕后身体下蹲1/4蹲位，手握杠铃将肘向前送出，将杠铃置于三角肌前部，挺胸抬头，臀部向后呈半蹲位，全脚掌着地，身体保持稳定后站直，贴近大腿放下杠铃，回到起始姿势，重复规定次数。（图6-2-2）

练习要求：开始时，保持挺胸直背，肩胛骨内收，保持杠铃垂直起降；膝关节不要超过脚尖或者内扣；在充分伸髋后再使用上肢提拉；提拉过程中，保持肘高于手，杠铃贴近身体；动作过程中，可踮起脚尖或者跳离地面产生更大爆发力。

图6-2-2 杠铃高翻

(三)杠铃悬垂高翻至前蹲

练习目的：提高动力链能量传递效率，提升全面爆发力，主要发展臀大肌、股四头肌、腘绳肌、内收肌、腓肠肌、比目鱼肌和斜方肌等。

练习方法：基本运动姿站立，背部平直，双手正握杠铃，握距稍比肩宽，双臂自然下垂，杠铃置于膝关节上方。快速伸髋站起，同时快速耸肩，屈肘抬起上臂提拉杠铃，当肘部抬至最高且身体完全伸展时，翻肘翻腕后身体下蹲1/4蹲位，手握杠铃将肘向前送出，将杠铃置于三角肌前部，挺胸抬头，臀部向后呈半蹲位，全脚掌着地，身体保持稳定后站直，屈髋下蹲至大腿与地面平行，伸髋站起，贴近大腿放下杠铃，回到起始姿势，重复规定次数。（图6-2-3）

练习要求：开始时，保持挺胸直背，肩胛骨内收，保持杠铃垂直起降；膝关节不要超过脚尖或者内扣；在充分伸髋后再使用上肢提拉；提拉过程中，保持肘高于手，杠铃贴近身体；动作过程中，可踮起脚尖或者跳离地面产生更大爆发力；前蹲时，保持重心在足跟处，背部收紧，同时挺胸抬肘，上臂保持与地面平行，防止杠铃前滚。

图6-2-3 杠铃悬垂高翻至前蹲

(四)杠铃悬垂抓举

练习目的：提高动力链能量传递效率，提升全面爆发力，主要发展臀大肌、股四头肌、腘绳肌、内收肌、腓肠肌、比目鱼肌和斜方肌等。

练习方法：宽分腿站立，双手正握杠铃，根据肩关节灵活性握距可扩大为肩宽的5倍，背部挺直。主动屈髋下蹲，当杠铃下降至膝关节处，快速伸髋伸膝，同时快速耸肩，抬肘向上拉起杠铃，当肘部抬至最高且身体完全伸展时，身体下蹲至杠铃正下方呈半蹲位，保持手臂完全伸直支撑杠铃，身体稳定后站直，贴近大腿放下杠铃，回到起始姿势，重复规定次数。（图6-2-4）

练习要求：开始时，保持挺胸直背，肩胛骨内收；膝关节不要超过脚尖或者内扣；在充分伸髋后再使用上肢提拉；提拉过程中，保持肘高于手，杠铃贴近身体；动作过程中，可踮起脚尖或者跳离地面产生更大爆发力。

图6-2-4　杠铃悬垂抓举

二、哑铃或壶铃拉

（一）哑铃或壶铃单臂抓举

练习目的：提高动力链能量传递效率，提升全面爆发力，主要发展臀大肌、股四头肌、腘绳肌、内收肌群、小腿三头肌、斜方肌和三角肌等。

练习方法：双脚开立比肩略宽，挺胸直背，直臂右手正握哑铃，左手叉腰。主动屈髋，微屈膝，背部挺直，哑铃垂直下降到右腿膝关节下方，快速蹬地伸髋站起，同时快速耸肩，屈肘抬起前臂提拉哑铃，当肘部抬至最高且身体完全伸展时，身体下蹲至哑铃正下方呈半蹲位，同时保持右臂完全伸直支撑哑铃，身体稳定后站立，贴近大腿放下哑铃，回到起始姿势，重复规定次数，换对侧练习。（图6-2-5）

练习要求：开始时，挺胸直背，肩胛骨内收，膝关节不要超过脚尖或内扣和外展；在充分伸髋后再使用上肢提拉，提拉过程中，保持肘高于手，哑铃贴近身体，可踮起脚尖或者跳离地面产生最大爆发力；提拉时呼气，返回时吸气。

图6-2-5　哑铃或壶铃单臂抓举

（二）哑铃或壶铃甩摆

练习目的：提高动力链能量传递效率，发展全身爆发力，主要发展臀大肌、竖脊肌和腘绳肌等。

练习方法：双腿宽姿站立，双手正握壶铃自然垂于体前，双臂伸直。保持背部平直，向后屈髋，双膝微屈，上身前倾至与地面平行，保持双臂伸直，壶铃随屈体摆至胯下，快速伸髋站直，直臂带动壶铃上摆至头部高度，连续不间断重复以上步骤，完成规定次数。（图6-2-6）

练习要求：保持挺胸直背，肩胛骨打开，腰腹收紧；直臂紧握壶铃，依靠躯干带动壶铃摆动；上摆时呼气，下摆时吸气。

图6-2-6　哑铃或壶铃甩摆

（三）哑铃或壶铃交替甩摆

练习目的：提高动力链能量传递效率，发展全身爆发力，主要发展臀大肌、竖脊肌和腘绳肌等。

练习方法：宽姿站立，右手正握壶铃自然垂于体前，右臂伸直，左手置于体侧。保持双臂伸直，快速伸髋站直，单臂将壶铃上摆至头部高度，当壶铃上摆至最高点时，快速换左手抓握壶铃，连续不间断重复以上步骤，完成规定次数。（图6-2-7）

练习要求：保持挺胸直背，肩胛骨内收，腰腹收紧；上摆时呼气，下摆时吸气。

图6-2-7　哑铃或壶铃交替甩摆

三、其他形式的拉

（一）弹力带单臂抓举

练习目的：提高动力链能量传递效率，提升全面爆发力，主要发展臀大肌、股四头肌、腘绳肌、内收肌群、腓肠肌、比目鱼肌、斜方肌和三角肌等。

练习方法：基本准备姿势站立，挺胸直背，右手正握弹力带一端，调整合适的弹力，使其置于膝关节上方。快速伸髋站起，同时耸肩，屈肘抬起前臂上拉弹力带，当肘部抬至最高且身体完全伸展时，踮脚站立，保持右臂完全伸直，身体稳定后，缓慢贴近大腿放下弹力带，回到起始姿势，重复规定次数，换对侧练习。（图6-2-8）

练习要求：开始时，保持挺胸直背两肩张开，肩胛骨打开，双臂伸直；膝关节不要超过脚尖或内扣和外展；在充分伸髋后再使用上肢提拉；提拉过程中保持肘高于手，弹力带贴近身体，感受下肢、躯干、上肢力量的快速传递。

图6-2-8　弹力带单臂抓举

（二）弹力带站姿旋转后拉

练习目的：提高动力链能量传递效率，加强身体的旋转爆发力和旋转稳定性，主要发展斜方肌、腹直肌、腹内外斜肌、腹横肌、股四头肌和内收肌等。

练习方法：高分腿站姿，左腿在前，屈髋，躯干平直前倾，右手握弹力带一端置于左膝外前侧，右臂伸直，保持重心在左脚。快速伸髋伸膝站起，向右转身，同时，将弹力带提拉至右侧腹部，重心移至右脚，双腿伸直，身体保持稳定后，回到起始姿势，重复规定次数，换对侧练习。（图6-2-9）

练习要求：保持挺胸直背，腹部收紧，不要屈髋或者后仰；充分伸髋的同时上肢提拉；提拉过程中，可踮起脚尖或跳离地面产生最大爆发力。

图6-2-9　弹力带站姿旋转后拉

第七章
青少年自行车运动员
损伤预防与恢复再生动作模式

> 在激烈的竞争中，自行车运动员需要在高强度、快节奏的比赛间歇快速有效地恢复身体。因此，为有效避免伤病，在训练后机体与组织恢复与再生显得尤其重要。本章主要介绍筋膜与肌肉的激活与放松，以及训练后的恢复与再生，这些训练方法手段是青少年自行车运动员日常训练中不可或缺的重要环节。

第一节　肌筋膜的激活与放松

常见的筋膜激活与放松，主要是通过泡沫轴或棒垒球滚压扳机点来实现的。训练的不同阶段使用这些动作模式的目的不同。在准备活动中起到激活肌筋膜，从而实现预防伤病的目的；在结束部分，则主要是为了加快恢复与再生。

一、泡沫轴的激活与放松

（一）上背部

练习目的：激活和放松上背部。

练习方法：仰卧姿势，双腿屈膝，将泡沫轴放于中背部的上方，双臂交叉抱于头后，腰腹收紧。双腿屈伸带动身体移动，髋关节抬离地面，使泡沫轴在中背部至肩部之间来回滚动，在肌肉酸痛点处稍用力按压并停留一段时间，完成规定时间。（图7-1-1）

练习要求：泡沫轴滚动过程中，在肌肉酸痛处，用力按压并持续一段时间；滚动过程中注意配合呼吸。

图7-1-1　上背部

（二）下背部

练习目的：激活和放松下腰背。

练习方法：仰卧姿势，双腿屈膝，将泡沫轴放于中背部的下方，双臂交叉环抱于胸前，腰腹收紧。双腿屈伸带动身体移动，髋关节抬离地面，使泡沫轴在中背部至腰骶部之间来回滚动，在肌肉酸痛点处稍用力按压并停留一段时间，完成规定时间。（图7-1-2）

图7-1-2　下背部

练习要求：泡沫轴滚动过程中，在肌肉酸痛处用力按压并持续一段时间；滚动过程中注意配合呼吸。

（三）臀部肌群

练习目的：激活和放松臀部肌群。

练习方法：坐姿，将泡沫轴置于臀部下方，双臂撑于身体后方，背部平直，腰腹收紧。双手推动地面带动身体移动，使泡沫轴在坐骨结节至下腰背之间来回滚动。放松单侧臀部时，右小腿置于左膝关节上方，身体向右侧倾斜，保持整个右侧臀部在泡沫轴上。在肌肉酸痛点处稍用力按压并停留一段时间，完成规定时间。（图7-1-3）

图7-1-3　臀部肌群

练习要求：泡沫轴滚动过程中，在肌肉酸痛处用力按压并持续一段时间；滚动过程中注意配合呼吸。

（四）股四头肌

练习目的：激活和放松股四头肌。

练习方法：俯卧姿势，双腿伸直，将泡沫轴置于大腿前侧下方，双臂屈肘支撑于地面。双肘屈伸带动身体移动，使泡沫轴在骨盆至膝关节上方之间来回滚动，在肌肉酸痛点处稍用力按压并停留一段时间，完成规定时间。（图7-1-4）

图7-1-4　股四头肌

练习要求：泡沫轴滚动过程中，在肌肉酸痛处用力按压并持续一段时间；滚动过程中注意配合呼吸。

（五）腘绳肌

练习目的：用来激活和放松腘绳肌。

练习方法：坐姿，双腿伸直，将泡沫轴置于大腿后侧下方，双臂撑于身体后方，背部平直，腰腹收紧。双手推动地面带动身体移动，使泡沫轴在坐骨结节处至腘窝之间来回滚动，在肌肉酸痛点处稍用力按压并停留一段时间，完成规定时间。（图7-1-5）

练习要求：泡沫轴滚动过程中，在肌肉酸痛处用力按压并持续一段时间；滚动过程中注意配合呼吸节奏。

图7-1-5　腘绳肌

（六）大腿内侧肌群

练习目的：激活和放松大腿内侧肌群。

练习方法：俯卧姿势，右腿外展，将泡沫轴置于右大腿内侧，双臂屈肘支撑于地面。左腿伸直，脚尖支撑于地面，身体抬离地面，双臂和左腿推地带动身体移动，使泡沫轴在骨盆至膝关节之间来回滚动，在肌肉酸痛点处稍用力按压并停留一段时间，完成规定时间，对侧亦然。（图7-1-6）

练习要求：泡沫轴滚动过程中，在肌肉酸痛处用力按压并持续一段时间；滚动过程中注意配合呼吸。

图7-1-6　大腿内侧肌群

（七）大腿外侧肌群

练习目的：用来激活和放松大腿外侧肌群。

练习方法：右侧卧姿势，将泡沫轴置于右大腿外侧，右臂屈肘支撑于地面，左手放于身体前面撑于地面。双臂带动身体移动，使泡沫轴在髋关节至膝关节之间来回滚动，在肌肉酸痛点处稍用力按压并停留一段时间，完成规定时间，对侧亦然。（图7-1-7）

练习要求：泡沫轴滚动过程中，在肌肉酸痛处用力按压并持续一段时间；滚动过程中注意配合呼吸。

图7-1-7　大腿外侧肌群

（八）小腿前侧肌群

练习目的：激活和放松小腿前侧肌群。

练习方法：身体俯卧，将泡沫轴置于左膝关节下方，右腿搭在左腿上，双臂支撑于肩部下方。双臂带动身体移动，使泡沫轴在膝关节至踝关节之间来回滚动，在肌肉酸痛点处稍用力按压并停留一段时间，完成规定时间，对侧亦然。（图7-1-8）

练习要求：泡沫轴滚动过程中，在肌肉酸痛处用力按压并持续一段时间；滚动过程中注意配合呼吸。

图7-1-8　小腿前侧肌群

（九）小腿后侧肌群

练习目的：用来激活和放松小腿后侧肌群。

练习方法：身体呈坐姿，将泡沫轴置于右小腿踝关节的上方，左腿搭在右腿上，双臂撑于身体后方，背部平直，腰腹收紧。双手推动地面带动身体移动，泡沫轴在踝关节至腘窝处来回滚动，在肌肉酸痛点处稍用力按压并停留一段时间，完成规定时间，对侧亦然。（图7-1-9）

练习要求：泡沫轴滚动过程中，在肌肉酸痛处用力按压并持续一段时间；滚动过程中注意配合呼吸。

图7-1-9　小腿后侧肌群

二、扳机点刺激

（一）胸肌

练习目的：激活和放松胸部。

练习方法：俯卧姿势，将按摩球置于左侧胸大肌肌腱下方，即腋窝之上，调整位置直至找到酸痛点，通过左臂摆动带动按摩球加压滚动，在肌肉酸痛点处稍用力按压并停留一段时间，完成规定时间，对侧亦然。（图7-1-10）

练习要求：按摩球滚动过程中，在肌肉酸痛处用力按压并持续一段时间；滚动过程中注意配合呼吸；使用硬质的棒球、垒球效果更好。

图7-1-10　胸肌

（二）肩部

练习目的： 激活和放松肩部。

练习方法： 身体稍侧卧，屈髋屈膝，将按摩球放于右肩外侧的下方，调整位置直至找到酸痛点，可通过左手下压右臂使按摩球加压于肩后的位置，在肌肉酸痛点稍用力按压并停留一段时间，完成规定时间，对侧及反面亦然。（图7-1-11）

练习要求： 按摩球滚动过程中，在肌肉酸痛处用力按压并持续一段时间；滚动过程中注意配合呼吸；使用硬质的棒球、垒球效果更好。

图7-1-11　肩部

（三）竖脊肌

练习目的： 激活和放松竖脊肌。

练习方法： 仰卧姿势，将球沿着脊柱置于下腰背位置，屈髋屈膝，脚尖稍抬起，双手抱于胸前，缓慢抬起上身，完成规定次数。将球上移至中背部位置，双手平举伸直，完成规定次数。将球上移至上背部位置，双手平举伸直，完成规定次数（图7-1-12）。可以用胶布将2个球缠在一起当花生球使用。

练习要求： 完成动作过程中，在肌肉酸痛处用力按压并持续一段时间；滚动过程中注意配合呼吸；使用硬质的棒球、垒球效果更好。

图7-1-12　竖脊肌

（四）髂腰肌

练习目的：激活和放松髂腰肌。

练习方法：俯卧姿势，将按摩球置于左髋关节处，调整位置直至找到酸痛点，通过身体移动带动按摩球加压滚动，在肌肉酸痛点处稍用力按压并停留一段时间，完成规定时间，换对侧练习。（图7-1-13）

练习要求：按摩球滚动过程中，在肌肉酸痛处用力按压并持续一段时间；滚动过程中注意配合呼吸；使用硬质的棒球、垒球效果更好。

图7-1-13　髂腰肌

第二节　臀部激活练习

在运动实践中，青少年自行车运动员较少或比较难动员臀部肌肉参与运动，大部分会过度使用大腿前侧肌群，这样在反复的蹬踏周期运动中，容易加大对膝关节的受力。实际上，臀大肌是人体最大的单块肌肉，可以提供强大的力量与爆发力，是像发动机一样的动力源，同时臀部肌肉是维持脊柱功能的基础，也是连接上下肢运动的中间枢纽。因此，在准备活动中，臀部激活显得尤为重要。

一、徒手系列

（一）双腿深蹲

练习目的：激活股四头肌、臀大肌和腘绳肌等。

练习方法：双脚开立比肩稍宽，双手自然下垂。主动屈髋被动屈膝下蹲，直至大腿与地面平行，双臂伸直前平举，快速站起，回到起始姿势，重复规定次数。（图7-2-1）

练习要求：保持挺胸直背，腹部收紧；膝关节不要超过脚尖或者内扣和外展，脚跟不要抬离地面；保持脚尖竖直向前。

图7-2-1　双腿深蹲

（二）单腿蹲

练习目的：激活臀大肌、股四头肌和腘绳肌等。

练习方法：双脚站立与肩同宽，左脚抬起，双臂前平举。左腿继续向后抬起，右腿屈膝缓慢下蹲，直至大腿与地面平行，双臂保持伸直向前平举，单腿快速站起，回到起始姿势，重复规定次数，换对侧练习。（图7-2-2）

练习要求：保持挺胸直背，腰腹收紧；支撑腿膝关节尽量不要超过脚尖或者内扣和外展，脚跟不要离地；下蹲时呼气，返回时吸气。

图7-2-2　单腿蹲

（三）原地正弓步

练习目的：激活股四头肌、臀大肌和腘绳肌等。

练习方法：站姿，保持躯干正直。身体重心前移，右腿向前跨出，落地屈膝，身体重心下降成低分腿姿势，右腿落地后屈膝约90°，之后右腿用力蹬地使身体快速站起，回到起始姿势，单脚重复规定次数后换对侧练习。（图7-2-3）

练习要求：保持挺胸直背，腰腹收紧；前侧腿膝关节尽量不要超过脚尖或者内扣和外展，脚跟不要离地；下蹲时呼气，返回时吸气。

图7-2-3　原地正弓步

（四）原地侧弓步

练习目的：激活股四头肌、腘绳肌、臀大肌及内收肌群等。

练习方法：直立姿势，双臂前平举。左脚蹬地，身体重心向右移动，同时右脚向右跨出，屈髋屈膝下蹲，重心移动到右腿上，保持右踝、膝、髋在一个平面上，右脚充分蹬伸快速站起，回到起始姿势，重复规定次数，换对侧练习。（图7-2-4）

图7-2-4　原地侧弓步

练习要求：保持挺胸直背，腰腹收紧；双脚始终保持紧贴地面，同时膝关节尽量不要超过脚尖或者内扣和外展；下蹲时呼气，返回时吸气。

二、迷你带系列

（一）深蹲

练习目的：激活臀部肌肉，加强臀大肌在动作模式中的主动发力，减轻由于臀部肌群薄弱带来的膝关节伤痛。

练习方法：直立姿势，将迷你弹力带束于膝关节上方，双脚分开与肩同宽，双手自然垂于体侧，背部挺直，腰腹收紧。下蹲至大腿与地面平行，同时双手抬起，膝盖不要超过脚尖，脚尖始终向前，保持背部平直和双膝间的距离。（图7-2-5）

练习要求：膝关节不要超过脚尖，且脚尖不要内扣；膝关节主动对抗迷你带，但也不能过分外张；下蹲发力时呼气，返回时吸气。

图7-2-5 深蹲

（二）运动准备姿单腿外旋

练习目的：激活臀部肌肉，加强臀大肌在动作模式中的主动发力，减轻由于臀部肌群薄弱带来的膝关节伤痛。

练习方法：基本运动姿势站立，将迷你带束于膝关节上方，双脚分开与肩同宽，双手叉腰，背部挺直，腰腹收紧。保持左腿固定，右腿内扣、外展，回到起始位置，重复规定次数，双腿动作互换（图7-2-6）。该动作与支柱力量中的髋关节迷你带束膝外展动作相同，但目的有所差异。

练习要求：保持双脚平行，贴紧地面，以及支撑腿稳定；外展发力时呼气，返回时吸气。

图7-2-6　运动准备姿单腿外旋

（三）运动准备姿双腿外旋

练习目的：激活臀部肌肉，加强臀大肌在动作模式中的主动发力，减轻由于臀部肌群薄弱带来的膝关节伤痛。

练习方法：基本运动准备姿势站立，将迷你带束于膝关节上方，双脚分开与肩同宽，双手叉腰，背部挺直，腰腹收紧。双腿同时内收或外展，回到起始位置，重复规定次数。（图7-2-7）

练习要求：保持双脚平行，贴紧地面；外展发力时呼气，返回时吸气。

图7-2-7　运动准备姿双腿外旋

（四）运动准备姿纵向走

练习目的：激活臀部肌肉，加强臀大肌在动作模式中的主动发力，减轻由于臀部肌群薄弱带来的膝关节伤痛。

练习方法：基本运动姿势站立，将迷你带束于膝上方，双脚分开与肩同宽，双臂微屈，背部挺直，腰腹收紧。右脚蹬地，身体重心前移，左脚向前跨出一个步长的距离，右脚再向前迈出一个步长的距离，双手呈对侧摆臂姿势，循环往复，完成规定次数。（图7-2-8）

练习要求：依靠后腿蹬地力量使身体重心前移；始终保持双膝分离，防止膝关节内扣；脚尖指向前方，迷你带处于拉紧状态；在循环往复的运动中，注意呼吸节奏的配合。

图7-2-8 运动准备姿纵向走

（五）运动准备姿分腿纵向走

练习目的：激活臀部肌肉，加强臀大肌在动作模式中的主动发力，减轻由于臀部肌群薄弱带来的膝关节伤痛。

练习方法：运动分腿姿势站立，将迷你带束于膝关节上方，双脚前后将近一个脚长的距离，双臂微屈，背部挺直，腰腹收紧。右脚蹬地，左脚向前迈出一个脚长的距离，右脚随后跟上，保持一个脚长距离，动作类似并步，循环往复。（图7-2-9）

练习要求：依靠后腿蹬地身体前移；始终保持背部平直，以及双膝分离，脚尖指向前方，迷你带处于拉紧状态；在循环往复的运动中，注意呼吸节奏的配合。

图7-2-9　运动准备姿分腿纵向走

（六）运动准备姿横向走

练习目的：激活臀部肌肉，加强臀大肌在动作模式中的主动发力，减轻由于臀部肌群薄弱带来的膝关节伤痛。

练习方法：基本运动姿势站立，将迷你带束于膝关节上方，双脚分开与肩同宽，双臂微屈，背部挺直，腰腹收紧；右脚向身体右侧迈出1-2个脚长的距离，左脚跟进，两脚保持起始姿势的间距，右脚继续向右侧蹬出，手臂自然摆动，始终保持背部平直，腰腹收紧，换对侧重复动作。（图7-2-10）

动作要求：始终保持双膝分离，脚尖指向前方，迷你带处于拉紧状态；在循环往复的运动中，注意呼吸节奏。

图7-2-10　运动准备姿横向走

第三节　动态拉伸

动态拉伸主要是通过练习各种动态拉伸的动作，实现对肌肉、韧带、关节的拉伸以及体温的升高，同时由于预演了各种基本动作模式，在神经系统留下了有效痕迹，所以有利于减少运动过程中代偿动作的产生，并提高动作质量。

在动态拉伸过程中，较大拉伸幅度下保持动作，激活了关节周围拮抗肌群与主动肌群之间的交互抑制，使得肌肉产生收缩与舒张的交替变化。这种形式还可以激活关节周围的小肌群，从而使其参与到稳定支持关节的工作中去。小肌群持续有效的工作将会改善运动姿势，减小受伤风险。

一、下肢为主的拉伸

（一）脚跟抵臀＋手臂上伸

练习目的： 牵拉大腿股四头肌等肌群。

练习方法： 两脚开立与肩同宽，背部平直，腰腹收紧。右腿微屈支撑，左腿小腿后抬，用左手抓住左脚踝，脚后跟抵臀；同时右脚跟起向上伸展，上举右臂。左腿大腿前群肌绷紧，用力拉伸股四头肌，拉伸持续1~2秒，换对侧重复刚才的动作，至完成规定次数。（图7-3-1）

图7-3-1　脚跟抵臀＋手臂上伸

练习要求：牵拉腿的大腿与小腿需保持垂直地面或者在矢状面运动；牵拉时保持臀大肌收紧，不要过度伸展下腰背；拉伸过程中呼气，返回位置时吸气。

（二）燕式平衡

练习目的：拉伸腘绳肌，同时可以加强平衡能力。

练习方法：单腿站立，右脚抬离地面，背部平直，腰腹收紧，双臂侧平举，手掌半握，大拇指朝上。保持头部与脚踝呈一条直线，俯身并向后抬高右腿，右侧臀部收紧，双手大拇指始终朝上，至身体与地面平行，保持牵拉1~2秒，并控制身体平衡。收紧臀大肌和腘绳肌缓慢回到站立位置，换对侧腿，重复刚才的动作，双腿交替进行至完成规定次数。（图7-3-2）

练习要求：注意保持支撑腿微屈，保持背部挺直，髋关节水平，以及耳、臀部、膝关节和脚踝呈一条直线，尽量使抬起的脚不接触地面；拉伸过程中呼气，返回位置时吸气。

图7-3-2 燕式平衡

二、核心区为主的拉伸

（一）向后弓步+旋转

练习目的：拉伸髋关节屈肌、臀大肌及腹内、外斜肌，增加胸椎活动度。

练习方法：两脚开立与肩同宽，右脚向后跨步呈弓步分腿跪姿，保持左侧大腿与地面平行，小腿垂直于地面；右手置于左腿膝关节外侧，放松躯干。左臂平举向身体后方外展，同时躯干慢慢向左旋转，至最大幅度，眼睛跟随左手，

保持拉伸姿势1~2秒。换对侧腿，重复刚才的动作，双腿交替进行至完成规定次数。（图7-3-3）

练习要求：注意前腿膝关节不应超过脚尖，牵拉时收紧后腿一侧的臀大肌；膝上手可拉紧前弓步腿，避免其外旋；拉伸过程中呼气，返回位置时吸气。

图7-3-3　向后弓步+旋转

（二）相扑式深蹲（腘绳肌拉伸）

练习目的：拉伸腘绳肌和腹股沟。

练习方法：双脚开立与肩同宽，背部挺直，腰腹收紧，双臂垂于身体两侧，屈髋俯身抓住脚尖，保持双腿呈直膝状态，继续缓慢屈髋，臀部后坐，被动屈膝下蹲，同时膝关节外展，双臂置于两膝内，胸部向上挺直。保持背部平直，臀部绷紧直到腘绳肌感到牵拉，保持1~2秒。后恢复起始姿势，完成规定次数。若比较轻松，双手抓住双脚前部缓慢用力上拉，同时双膝逐渐伸直，感受到大腿后群肌肉有较强的牵拉感，保持1~2秒；若降低动作难度，可以在脚跟处垫一个1~3厘米的垫片做辅助，随着柔韧性提升，辅助物的高度可以逐渐降低。（图7-3-4）

图7-3-4　相扑式深蹲（腘绳肌拉伸）

练习要求：注意保持胸部和背部挺直，脚后跟不要离地，肘关节在膝关节内侧，起来的时候下腰背和股四头肌发力；拉伸过程中呼气，返回位置时吸气。

（三）最伟大拉伸

练习目的：拉伸腹股沟、髋关节屈肌、大腿腘绳肌、小腿腓肠肌和臀大肌等肌群。

练习方法：直立姿势，两脚间距比肩宽稍窄，背部挺直，腰腹收紧，双臂垂于身体两侧；右腿抬高至大腿与地面平行，向前跨步呈弓步，感觉左侧臀部收紧，屈髋俯身，左手支撑地面，与前脚平行，右臂抵在右小腿内侧，保持牵拉姿势1~2秒。右手从右腿内侧向上打开，同时躯干向右侧旋转，眼睛看指尖方向，右臂直臂打开到最大幅度，保持牵拉姿势1~2秒。右手复位支撑于右脚外侧，右腿从屈膝状态伸直，脚跟支撑，脚尖用力勾起，保持牵拉姿势1~2秒。回到弓步姿势放松，左脚蹬地回到开始站立姿势。换对侧，重复相同的动作，至完成规定次数。（图7-3-5）

图7-3-5　最伟大拉伸

练习要求：尽可能始终保持后腿膝关节伸直，注意收紧臀大肌；拉伸过程合理呼吸，避免憋气。

第四节 快速伸缩复合练习

快速伸缩复合训练的理论基础和核心是拉长—缩短周期（SSC）。SSC模型结合了力学和神经生理学机制，通过快速的肌肉离心收缩，不仅利用了牵张反射原理，同时还储存了弹性势能，使随后进行的向心收缩更加有力。

按照身体部位，快速伸缩复合训练可分为上肢练习、下肢练习和躯干练习。由于本书主要介绍的是青少年自行车运动员的身体功能运动训练，因此主要以介绍下肢的快速伸缩复合训练为主。

一、摆臂下蹲

练习目的：强化正确的动作模式，同时也是躯干的快速收缩复合训练，有利于提升运动表现。

练习方法：直立姿势，两脚间距稍宽于肩，背部挺直，腰腹收紧，双臂伸直举过头顶，保持掌心相对。双臂快速向下摆动至髋关节位置，同时快速屈髋，呈运动半蹲姿，膝关节不要超过脚尖，双脚不要移动。（图7-4-1）

图7-4-1 摆臂下蹲

练习要求：注意下蹲速度要快，用臀部和腿部发力；下蹲时膝关节不要内扣和外展，下蹲后保持身体姿势，运动过程中保持胸部和背部平直；快速下蹲时呼气，返回位置时吸气。

二、运动准备姿 + 起跳 + 运动准备姿支撑

练习目的：强化正确的动作模式，有利于提升运动表现。

练习方法：基本准备姿站立，两脚间距稍宽于肩，背部挺直，腰腹收紧。双臂伸直举过头顶，保持掌心相对，双臂快速向上摆动，身体跳起，落地时呈稳定的双腿基本运动姿势或半蹲姿。（图7-4-2）

练习要求：注意下蹲速度要快，用臀部和腿部发力，下蹲时膝关节不要内扣和外展，下蹲后保持身体姿势，运动过程中保持胸部和背部平直；不要憋气，合理呼吸；可连续快速地进行练习。

图7-4-2　运动准备姿＋起跳＋运动准备姿支撑

三、运动准备姿 + 起跳 + 单腿运动准备姿支撑

练习目的：强化正确的动作模式，有利于提升运动表现。

练习方法：基本准备姿站立，两脚间距稍宽于肩，背部挺直，腰腹收紧。双臂伸直举过头顶，保持掌心相对，双臂快速向上摆动，身体跳起，落地时呈稳定的单腿基本运动姿势，并保持身体平衡。两侧重复进行练习。（图7-4-3）

图7-4-3　运动准备姿＋起跳＋单腿运动准备姿支撑

练习要求：落地时用臀部缓冲，同时注意保持支撑腿成直线；落地后保持身体姿势，运动过程中保持胸部和背部平直；不要憋气，合理呼吸；可连续进行练习。

四、单腿运动准备姿＋起跳＋同侧单腿运动准备姿支撑

练习目的：强化正确的动作模式，有利于提升运动表现。

练习方法：单腿站立，背部挺直，腰腹收紧，屈髋成准备姿。双臂伸直举过头顶，保持掌心相对，双臂快速向上摆动，支撑腿单腿蹬地，身体跳起至落地支撑腿不变，呈稳定的单腿基本运动姿势，并控制身体平衡。（图7-4-4）

图7-4-4　单腿运动准备姿＋起跳＋同侧单腿运动准备姿支撑

练习要求：单腿支撑稳定，膝关节不要内扣和外展，保持胸部和背部平直；落地时快速屈髋缓冲，注意髋、膝、踝保持垂直支撑。

第五节　神经激活

神经激活练习可以很好地提高运动员神经系统的专注度与参与度，使大脑反应速度加快，从而提高中枢神经系统的兴奋性。神经系统兴奋性的提升能加强运动中枢的相互协调，使躯体在神经系统的支配下有序、准确及协调地完成动作，进而提高身体运动能力与运动效率，为正式训练或比赛做充分的准备。

一、快速双脚前后跳

练习目的：激活神经系统，同时也可以刺激臀部肌肉，加强臀大肌在动作模式中的主动发力，减轻由于臀部肌群薄弱而带来的膝关节伤痛。

练习方法：基本运动姿势站立，双脚间距稍宽于肩，脚跟略微抬起，背部平直，腰腹收紧，双臂微屈垂于身体两侧。双腿有节奏、有弹性地向前后方快速跳跃，双脚前脚掌着地后再次迅速跳起。注意节奏变化，由慢逐步到快，到达极限频率，并尽可能维持几秒再减速。（图7-5-1）

图7-5-1　快速双脚前后跳

练习要求：保持基本运动姿势，运动时脚要快速弹起；跳跃结束后可向前冲刺5~10米进行整合练习；整个过程中注意呼吸节奏的配合。

二、快速2厘米碎步跑

练习目的：激活神经系统，对于基本准备姿势动作模式也是一种强化；可加强臀大肌在动作模式中的主动发力，减轻由于臀部肌群薄弱而带来的膝关节伤痛。

练习方法：基本运动姿势站立，双脚间距稍宽于肩，脚跟略微抬起，背部平直，双臂置于身体两侧。双脚快速交替蹬地，脚每次抬离地面向前约2厘米，用最快频率的碎步缓慢向前移动，同时双臂也协调地前后摆动。（图7-5-2）

练习要求：注意节奏变化，脚步由慢逐步到快，到达极限频率；保持基本的运动姿势；结束后可向前冲刺5~10米进行放松；整个过程中注意呼吸节奏的配合。

图7-5-2 快速2厘米碎步跑

三、运动准备姿快速转髋跳

练习目的：激活神经系统，同时也能提高髋关节的灵活性。

练习方法：基本运动姿势站立，脚跟略微抬起，膝关节微屈，背部平直，腰腹收紧，双臂微屈垂于身体两侧。保持躯干向前，小幅度、有弹性地快速跳离地面，跳跃的同时向右转髋，向左摆臂，落地后迅速向反方向跳跃，以最快的速度重复跳跃，完成规定次数。（图7-5-3）

练习要求：摆臂方向与髋关节转动方向相反，发力集中于髋关节，而不是肩和躯干；始终保持胸部向前，尽可能保持上下肢的协调性；整个过程中注意呼吸节奏的配合。

图7-5-3　运动准备姿快速转髋跳

第八章
青少年自行车运动员身体运动功能训练计划

> 训练计划是立足于当前，对未来训练实践的理论设计，是组织实施训练的具体规划与安排。训练计划按时间可分为多年训练计划、年度训练计划、阶段训练计划、月训练计划、周训练计划、课训练计划等。本部分主要介绍训练课、小周期训练计划。

第一节 训练课的安排

以美国EXOS公司的训练课为例，按照传统的准备部分、基本部分、结束部分来划分，每个部分又包括不同的内容与要求。

一、准备部分安排

身体运动功能训练的准备部分主要包含以下几个方面的内容：软组织激活、支柱准备、动作准备。

（一）软组织激活

软组织激活是运用泡沫轴、网球、棒球、垒球、花生球等工具对筋膜、肌腱和韧带等软组织进行梳理，有效减少筋膜与肌肉、肌肉与肌肉间的黏连，同时缓解肌肉紧张、不适感和疼痛感的一种方法。

训练前软组织唤醒、激活顺序是泡沫轴及扳机点放松，然后做拉伸。软组织激活的主要功能是刺激运动员的肌肉软组织，使其为后期运动做好准备，因此被称为激活与唤醒。运动前软组织放松，通常是由下肢逐步过渡到上肢。在练习初期，出现的疼痛感比较强烈，但是经过一段时间后，疼痛感会逐渐降低。

（二）支柱准备

支柱准备又称为躯干支柱力量训练。现代竞技体育往往要求运动员参加更多、更激烈的比赛提高收视率与上座率，因此运动员如果没有处理好训练、恢复、保持竞技能力的关系，那么发生运动损伤的风险会持续增加。常见的运动损伤包括肩关节、脊柱腰段及髋关节等处。为了降低运动员的运动风险，保证训练正常进行，国外很多体能师会在训练开始之前安排肩部、脊柱腰段和髋部的康复练习。由于这种训练主要是针对肩关节、脊柱与髋关节的灵活性与稳定性进行练习，因此这种练习又称为"支柱力量练习"。这种力量训练不仅可以改善运动模式，提高肩关节、髋关节与脊柱的灵活性与稳定性，同时也可以减少发生运动损伤的风险，改善身体姿态，减少代偿，提高动力链的传递效率。

支柱准备训练分为三个部位：肩部、髋部、脊柱腰段。三个部分可以根据各部位的功能及训练项目的特点进行训练。每个动作模式都应该由对身体稳定性的要求来划分难易程度，如从最基本的俯卧四点支撑到三点支撑甚至是两点支撑等，也可以根据负荷的不同来进行训练难度的划分。

肩部力量训练的基本动作模式，以I、Y、T、W字母拉伸最常用，基础难度是站姿的手臂练习，中等难度为俯卧肩关节激活，高级难度为瑞士球支撑肩关节练习，此外也包括一些俯卧单臂支撑等稳定性练习。

脊柱腰段力量训练分为静力性练习和动力性练习两类。运动员可以通过肌肉的等长收缩激活躯干动力链，并且提高神经-肌肉连接的兴奋性，达到提高身体姿态和关节稳定性的目的，为接下来的动态练习建立稳定的基础。

髋部力量训练的目的是激活髋关节周围以臀大肌、旋髋肌群为主的肌群，其动作模式主要是髋关节的屈伸、外展与内收等。当处于仰卧位时主要以激活臀大肌的练习为主，当处于侧卧位时，是以激活内外旋髋肌群为主，当处于跪姿时，则是以臀大肌的外展肌群练习以及脊柱下段的拉伸与稳定性练习为主。

支柱准备的目标是根据运动项目的不同，发展专项需要的关节稳定性，维持姿势肌的稳定能力，为力量的传递提供更好的保证。因此支柱准备训练的第一个环节是髋关节的稳定性训练，通过髋关节力量训练激活骨盆深层小肌肉群与表面的运动肌群来维持骨盆的稳定。第二个环节是脊柱腰段的力量练习，增强脊柱的稳定性，建立良好的动力链传递，增强姿势的稳定。第三环节是肩关节的稳定性练习，平衡拮抗肌与主动肌的力量比率，有利于减少肩部损伤，增加力量传递。

（三）动作准备

动作准备又称为热身训练，它不同于我们常说的准备活动或者热身活动，它是支柱准备的下一段内容，为接下来的专项力量或专项技术训练打好基础、做好准备。动作准备分为以下五步。

1. 一般性/传统热身

一般是进行慢跑，目的是提高心率，增加体表温度，促进血液循环，降低肌肉黏滞性。

2. 臀肌激活训练

在运动中，运动员通常很少使用臀部肌肉参与做功，而是过度使用股四头肌等，这样过度使用会使其疲劳进而损伤。而臀大肌不仅是最大的单块肌肉，臀部也是上下肢的枢纽，包裹着骨盆。因此通过迷你带等使臀部激活，进而使其主动参与到运动中。

3. 动态拉伸

动态拉伸可以为力量或者技能运动做好准备，但是要与接下来的动作整合，并与专项动作结合。一般从髋部开始拉伸，再到多关节肌肉。

传统的静态拉伸对竞技表现没有太大帮助，研究发现，30秒以下的静态拉伸训练对肌肉的柔韧性没有帮助，而60秒以上的静态拉伸可能肌肉会有损伤的危险。

动态拉伸单次动作低于30秒有利于提升运动表现。动态拉伸训练强调动态的方式，练习动作强度依次递增，这样可以增加身体温度，有效拉伸肌肉，增加关节活动度，激活肌肉本体感觉，逐步提高神经系统的兴奋性。动态拉伸要将人体的基本动作与专项高度结合。

4. 动作整合

做动作整合时首先要衔接当天的训练内容，其次要了解自己的专项技术特点，从专项基础入手，形成最基本的动作模式，增加动作的经济性，从而减少能量泄露。

5. 神经激活

神经激活最主要的特点是速度最大化，这样可以刺激大脑，使反应速度加快，从而促进中枢系统的兴奋性，在神经系统的支配下，快速、经济、有序地完成动作。当然，神经激活不一定是下肢的高频率练习，而是根据专项基础特点，设计符合专项特点或者课堂训练的高频率练习。

（四）准备部分的板块

准备部分主要包括三个板块，不同板块对后期人体运动所起的作用不同，如表8-1-1所示。

表8-1-1　准备部分不同板块的作用与基本动作示例

板块	分类	功能作用	动作示例
软组织激活	软组织放松、牵拉技术	通过软组织放松和对肌肉、韧带、筋膜的牵拉，恢复机体肌肉的长度、加快肌纤维修复、刺激血液和淋巴循环，从而缓解机体疲劳和加速恢复过程	棒球、泡沫轴放松腰背肌群、大腿前侧和后侧肌群；牵拉屈髋肌群、大腿前侧和后侧肌群
支柱准备	肩部、躯干和髋部	解决个体关节灵活性的限制因素，纠正代偿性动作模式，减少能量泄露，加强髋部、躯干及肩部力量，协调肌肉的发力顺序，为运动员姿势调整和承受运动负荷做准备	俯卧—"Y""I""T""W"、跪撑—肩胛收张推、跪撑—异侧单腿单手伸、仰卧臀桥—单腿直膝、仰卧臀桥、原地军步
动作准备	臀部激活、动态拉伸、动作整合、神经激活	提高人体核心温度、激活惰性较大的臀大肌、加强神经系统兴奋性、整合动作模式、增加肌肉弹性，从而提高训练课的整体效率	迷你带—正、侧向走，相扑蹲，最伟大拉伸，正、侧向军步走，原地快速前后、左右交替跳

二、基本部分安排

（一）快速伸缩复合练习

1. 快速伸缩复合练习简介

快速伸缩复合练习（plymotrics）起源于跳跃训练（Jump Training），主要是通过预先拉长肌肉、反向运动、助力运动等方式，利用肌肉和肌腱的弹性势能及牵张反射，实现更加快速的向心运动。

2. 快速伸缩复合练习原理

快速伸缩复合练习的原理是拉长—收缩周期（SSC，Stretch—Shortening Cycle），分为三个阶段：第一个阶段是离心收缩；第二个阶段是离心收缩阶段和向心收缩过渡阶段；第三阶段是向心阶段。在快速伸缩复合练习中，肌腱拉长的速度至关重要，速度越快，肌肉募集的能力越高，向心收缩的力量也就越强。肌肉的弹性势能能在快速牵拉时增加并存储起来，在紧接着的向心运动中释放出来，增加所产生的力。

3. 快速伸缩复合练习的分类

对于自行车运动员来讲，快速伸缩复合练习常用于下肢训练，以跳跃的形式进行训练。按照不同跳跃的类型，通常可以进行更加细化的分类，具体跳跃的类型、名称、特征如表8-1-2所示。

表8-1-2 下肢快速伸缩复合练习的分类

分类	名称	特征描述
跳跃方式	双脚跳（Jump）	双脚起跳，落地双脚支撑
	交换跳（Bound）	单脚起跳，落地非起跳脚支撑
	单脚跳（Hop）	单脚起跳，落地起跳脚支撑
跳跃方向	纵向（Linear）	矢状面、水平面
	横向（Lateral）	额状面、水平面
	旋转（Rotation）	额状面、矢状面、水平面

（续表）

分类	名称	特征描述
跳跃形式	无反向式（NCM）	主动肌向心收缩
	有反向式（CM）	主动肌离心收缩+向心收缩
	双接触式（DC）	主动肌向心+离心+向心收缩

4. 快速伸缩复合练习与运动损伤的预防

降低运动损伤风险最主要的是增加速度练习的多样性，以及运动负荷与运动方向拉长符合自身耐受力。

（1）损伤发生在肌肉和韧带加速过度拉长时。

（2）当运动员运动姿势结束时，若没有强大的控制身体的能力，损伤就会出现。

（3）快速伸缩复合练习可以改善运动员上肢负重快速伸展和下肢支撑的运动能力，提高快速反应和变换方向的运动神经的募集。经过实验研究，快速伸缩复合练习可以减少前交叉韧带的运动损伤风险。

因此，快速伸缩复合练习既可以当作一种爆发力训练的手段，同时也可以作为大力量或其他爆发力练习前的热身练习。

5. 快速伸缩复合练习的负荷控制

（1）难度的变化：快速伸缩复合练习的难度受许多因素影响，除了常见的增加负荷重量，还可通过增减地面接触点及变换运动方向、运动方式等来改变训练的难度，具体如表8-1-3所示。

表8-1-3　快速伸缩复合训练难度的影响因素

影响因素	内容描述
地面接触点	单脚跳（Hop）>交换跳（Bound）>双脚跳（Jump）
运动方向	旋转（Rotation）>横向（Lateral）>纵向（Linear）
运动方式	双接触式（DC）>有反向式（CM）>无反向式（NCM）
运动速度	速度越快，练习负荷相应加大
练习高度	跳跃高度越高，练习负荷相应加大
练习负重	承受的负荷重量越大，练习负荷相应加大

（2）训练负荷的控制：训练负荷一般包括负荷量与负荷强度。其中，负荷强度一般是由训练的难度决定，同时训练方法也影响负荷强度；负荷量则主要由训练频率、训练组数、组内训练次数决定。以周训练计划为例，每周训练负荷量的安排如表8-1-4所示。

表8-1-4　周训练负荷量的一般安排

周次数与持续时间	重复次数/每次课	每次课动作模式数量	组数、重复次数	间歇时间	周训练量
2~4次、10~15分	25~50次	2~3个	5~8组、3~6次/组	组间歇1~3分	≤120次

6. 常用的快速伸缩复合练习动作模式

根据下肢运动的方向与形式，自行车运动员常见的快速伸缩复合练习动作模式有不同方向的连续跳跃、双接触跳跃、无反向与反向式跳跃，可以使用不同高度的跳箱与小栏架。具体如表8-1-5所示。

表8-1-5　自行车运动员常用的快速伸缩复合训练动作模式

形式 \ 方向	前后为主（垂直—水平）	侧向为主（垂直—水平）	旋转为主（垂直—水平）
连续跳跃	直线—垂直双脚跳 直线—水平交换跳	侧向—水平45°交换跳 侧向—水平栏架单脚跳	旋转—垂直180°双脚跳 旋转—垂直90°单腿跳
双接触跳跃	直线—水平双脚跳 直线—水平单腿跳	侧向—水平交换跳 侧向—水平单腿跳	旋转—垂直270°双脚跳 旋转—水平180°交换跳
反向跳跃	直线—垂直双脚跳 直线—水平交换跳	侧向—水平45°交换跳 侧向—水平栏架单脚跳	旋转—垂直180°双脚跳 旋转—垂直90°单腿跳
无反向跳跃	直线—垂直跳箱双脚跳 直线—垂直栏架单腿跳	侧向—垂直交换跳 侧向—垂直栏架单腿跳	旋转—垂直90°双脚跳 旋转—水平90°交换跳

（二）功能性力量练习

1. 功能性力量练习简介

力量是人体素质的表现形式，是人体或身体的某部分肌肉收缩和舒张时克服阻力的能力。力量训练是通过一定次数或组数有节奏的练习，达到改善单块肌肉和整个肌肉群的力量、耐力和形状的运动方式。

影响肌肉力量的因素：运动单位的募集数量、被激活的运动单位类型，以及肌肉横截面面积、肌纤维收缩长度和收缩速度等。

功能性力量练习主要是指以提高全身肌肉的整体工作能力和效率为目的，强调脊柱与关节周围的稳定性。传统的力量训练则关注孤立的肌肉或者肌肉群，在力量训练增加时，肌肉体积也随之增加，这样带来的后果是肌肉弹性丧失。功能性力量练习与传统的体能训练最大的区别在于传统的体能训练只关注某一肌肉的功能却忽视了运动的本质——动作，而功能性力量练习则可注重训练动作模式，它是在传统力量训练的基础上形成的。

需要强调的是，并不能简单地认为功能性力量练习是力量练习，它是一种动作训练，通过以动作模式为基础的练习，注重神经对肌肉的指挥，全面提高人体的身体素质、机能、形态、健康水平。

2. 功能性力量训练课的内容与顺序

合理的力量训练计划必须包括多关节的工作。大部分力量实际上是以下肢训练为基础从下向上建立起来的，下肢力量能使运动员更好地优化地面反作用力的效果。同时要注意的是，核心稳定性是力量训练的基础，因此力量训练可以分为以下几个部分。

（1）全身爆发力练习。

（2）主要力量练习（训练课的重点，专项的主体部分）。

（3）次要力量练习（专项训练的次要部分）。

（4）旋转力量练习（躯干核心部位灵活性、稳定性）。

（5）辅助练习（康复练习、预防练习、能量系统练习等）。

3. 力量训练的分类

（1）爆发力与力量耐力练习。

爆发力是快速力量的一种表现形式，是指张力已经开始增加的肌肉，以最快的速度克服阻力的能力。爆发力实际是人体或相应部位输出的最大功率，在训练中为保持功率输出相对持续更长时间，需要考虑力量耐力的训练。

力量耐力是指肌肉在静立或动力性工作中长时间保持紧张用力而不降低工作效果的能力，即人体长时间进行持续工作的能力。力量耐力是既有力量又有耐力的综合性素质。爆发力耐力则是指肌肉从事多次连续的短时间快速工作的能力。

力量耐力分为动力性力量耐力和静力性力量耐力。动力性力量耐力又细分为最大力量耐力（重复发挥最大力量的能力）与快速力量耐力（爆发力耐力）。但是以上两者都与最大力量相关，最大力量越大，重复次数越多，则力量耐力越好。常用的训练方法如表8-1-6所示。

表8-1-6 力量耐力与爆发力耐力常用训练负荷安排

训练类型	重复次数	平均%1RM	练习组数	完成时间	间歇时间
力量耐力	>12	≤70%	2~4	>70秒	≤30~45秒
爆发力耐力	10~20+	30~45	2~4	短时快速	≤60~90秒

（2）一般力量。

一般力量训练强调神经系统的适应，促进肌肉横截面积增大和肌肉力量增加的平衡。在这一训练过程中应该多注意正确基础动作技术的建立、灵活性、稳定性等。一般力量训练也会使肌肉的横截面积增大，同时增加肌肉张力，是日后进行最大力量与爆发力训练的基础；较大的训练负荷和强度会增加肌肉弹性，并且为将来进行更大的负荷强度做准备。常用的训练方法如表8-1-7所示。

表8-1-7 一般力量常用训练负荷安排

训练类型	重复次数	平均%1RM	练习组数	完成时间	间歇时间
一般力量	6~8	79%~85%	4~8	20~40秒	1~2分钟

（3）最大（相对）力量。

最大力量是指人体或人体一部分肌肉工作时克服最大内外阻力的能力，亦指参与工作的肌群或一块肌肉在克服最大内外阻力时，所能动员的全部肌纤维发挥的最大能力。最大力量是通过不断增加训练负荷来提高的，在此过程中肌肉的收缩能力也有所提高，高于80%1RM最大力量训练负荷可以增加肌肉的张力，同时募集更多的运动单位。

肌肉在离心运动过程中比向心运动过程中更容易获得最大力量，因为离心收缩会比向心收缩产生更大的肌肉张力，所以离心训练是一个更理想的最大力量训练方法。

在最大力量训练中，组间间歇时必须给予充分的休息与恢复，由于此过程中要求中枢神经系统达到最大的兴奋性，以及高度的专注及积极性，因此最大力量训练增强了神经系统的连接，从而提高了肌肉的协调性与同步性。常用的负荷安排如表8-1-8所示。

表8-1-8　最大（相对）力量常用负荷安排

训练类型	重复次数	平均%1RM	练习组数	完成时间	间歇时间
最大（相对）力量	<5	85%~100%	6~12	<20秒	3~5分钟

（4）增肌训练。

增肌训练即肌肉体积增加，可通过两个途径实现：肌纤维横截面积增大和肌纤维增生。增加肌纤维的直径可以增加肌肉横截面积的肌纤维密度，使其可以容纳较多平行排列的肌节。增加肌肉横截面积可以达到直接增加力量和功率输出的效果。基本的肌肉肥大练习是发展最大力量的训练基础，具体负荷安排如表8-1-9所示。

表8-1-9　增肌训练常用训练负荷安排

训练类型	重复次数	平均%1RM	练习组数	完成时间	间歇时间
增肌训练	9~12	70%~80%	3~6	40~70秒	<1分钟

三、结束部分安排

（一）恢复与再生

当前比赛与训练的周期越来越密集，为了避免运动损伤与减少运动疲劳，运动员需要在高强度、快节奏的比赛间歇快速有效地恢复身体。恢复与再生的方法除了保证充足睡眠、营养，以及合理地使用运动补剂，从运动训练学角度，也需要采用一定的方法与手段。

运动训练的恢复与再生是有严格区分的。再生是通过一些训练手段帮助机体修复或维持其应有的结构功能。恢复则是指伤病或者疲劳之后的机体复原。但是两者具有相同的目的，是让组织结构的功能继续保持，甚至是增强和提高。

软组织再生是指运用泡沫轴、棒球、花生球等工具对筋膜、肌腱和韧带等软组织进行梳理，有效缓解肌肉紧张的不适感和疼痛感的一种放松方法。软组织再生包括两部分，一部分是训练前的肌肉激活，另一部分是训练后的肌肉放松与梳理。前者主要的作用是在训练前帮助练习者激活肌肉、唤醒组织，后者主要是帮助练习者梳理肌筋膜，促进血液、淋巴回流，重新恢复肌肉的正常状态。

泡沫轴放松类似于按摩放松，是通过泡沫轴对放松部位进行长时间的挤压。运动员运动后肌肉的长度缩短，泡沫轴的挤压可以放松深层肌肉与整条肌肉的神经，从而达到放松某一条肌群的目的。

运动训练后梳理、放松的顺序和训练前相同，先进行泡沫轴及扳机点放松，然后是拉伸放松，主要功能是梳理和放松训练带来的软组织疲劳与酸痛，促进血液、淋巴回流和肌肉组织修复。运动前软组织放松时，通常是由下肢逐步过渡到上肢。

（二）静态牵拉

结束部分的拉伸，通常采用静态牵拉的方式。静态牵拉一般指通过缓慢的动作将肌肉、韧带等软组织拉长到一定程度，保持静止不动状态的练习方法。一般拉伸姿势保持15~30秒，肌肉有拉伸的感觉就可以停止。

静态牵拉和动态牵拉有一定的不同。静态牵拉是在静止状态做拉伸运动，而动态牵拉是需要身体运动起来，达到快速热身的效果。通过静态牵拉，可以改善关节活动范围，缓解机体疲劳，促进机体恢复。

静态牵拉时，一般顺序应自下而上，从大到小进行，即从下肢到躯干到上肢进行选择性的牵拉，且先进行大肌肉群牵拉再牵拉小肌肉。将需要牵拉的肌肉缓慢地拉长，并保持在一个舒适的范围15~30秒。注意牵拉过程中保持正常节奏呼吸，避免憋气。当牵拉保持在某一位置一段时间后，肌肉被拉伸的感觉减小，牵拉者可在吐气时轻柔地将肢体向更大的位置牵拉并保持住。静态牵拉可被动进行，也可主动进行。

除了静态牵拉外，还可以通过倒立、慢跑和走动等整理活动，改善血液回流，调整呼吸和体温，促使大脑功能恢复正常。

第二节 训练计划示例

一、课的不同部分设计示例

（一）准备活动示例

准备活动的软组织激活部分，通常采用泡沫轴滚压的方式进行，这里不再赘述。下面以支柱准备和动作准备的训练为主，举例如表8-2-1所示。

表8-2-1 准备部分的支柱准备与动作准备示例

练习	组数	次数	注释
屈髋肌群	1	60秒/10次	腰大肌髋关节屈、肌放松、跪姿髋关节滑动
胸椎	1	30秒/30秒/10次	胸椎泡沫轴滚动、胸椎棒球手臂内收外展、跪姿胸椎旋转
股四头肌	1	60秒/30秒	股四头肌泡沫轴滚动、弹力带单腿跪姿牵拉
跳跃	3	30秒	双腿跳绳、单腿跳绳、交替跳绳
本体感觉—小栏架	3	6次	水平跳、向前跳、向后跳、
爬行练习	1	10米	向前爬、向后爬
辅助单腿蹲起	1	每侧8次	手持弹力带单腿下蹲
全身拉伸	1	8次	全身充分伸展
徒手罗马尼亚硬拉+转髋	1	每侧6次	整体运动

（续表）

练习	组数	次数	注释
迷你带障碍走	1	10米	迷你带踝上、膝上各一条
脚踝着地臀肌桥	1	8次	迷你带放膝关节
迷你带半蹲走	1	10次	髋关节始终保持水平
迷你带水平走	1	10次	髋关节始终保持水平

（二）基本部分示例

在基本部分的练习中，动作模式的选取除了要根据专项需要，还可以根据人体结构功能来设计。如表8-2-2中除爆发力练习外，主要力量分为下肢的推、拉，次要力量为上肢推拉，辅助力量为核心区与臀肌练习。

表8-2-2 综合力量训练课示例

训练性质	组数/次数	训练时间		
		周一	周三	周五
爆发力	1a	负重杠铃杆蹲起跳	负重杠铃杆蹲起跳	负重沙袋预摆跳
	次数/组数	3/3	3/3	3/3
	1b	双腿跳箱	单腿跳箱	跳箱跳深
	次数/组数	4/3	4/3	4/3
下肢推拉（主要）	2a	六角杠铃硬拉	剪刀步蹲起	膝下六角杠铃硬拉
	次数/组数	8/4	8/4	8/4
	2b	卧蹬器卧蹬	卧蹬器卧蹬	卧蹬器卧蹬
	次数/组数	8/4	8/4	8/4
上肢推拉（次要）	3a	双手持哑铃卧拉	双手持哑铃交替卧推	双手持哑铃卧拉
	次数/组数	8/4	8/4	8/4
	3b	引体向上	坐姿单臂拉力器下拉	引体向上
	次数/组数	10/3	8/3	10/3

（续表）

训练性质	组数/次数	训练时间		
		周一	周三	周五
臀部（辅助）	4a	负重杠铃杆顶髋	对抗后群	负重杠铃杆顶髋
	次数/组数	8/3	5/3	8/3
	4b	单脚45°离心下蹲	单脚45°离心下蹲	单脚45°离心下蹲
	次数/组数	8/3	8/3	8/3
核心（辅助）	5a	跪姿手持杠铃杆推拉	内收肌	跪姿手持杠铃杆推拉
	次数/组数	8/3	10/3	8/3
	5b	静力侧肌	静力侧肌	静力侧肌
	次数/组数	45秒/3	60秒/3	70秒/3

（三）拉伸放松示例

训练结束时的拉伸放松，是根据运动员在训练时主要训练的部位与肌群来确定。一般情况下，除了对重点部位进行针对性拉伸，也需要重视核心区的拉伸。拉伸的示例如表8-2-3。

表8-2-3　结束部分的拉伸放松示例

练习	组数	次数	注释
胸椎灵活性	1	每侧10次	仰卧肩部触垫、屈膝转髋（保持上体不动）
髋关节	1	每侧10次	正弓步重心前后移动（髋关节前后移动）
股后肌群	1	每侧5次	仰卧单腿直腿上抬、弹力带屈伸牵拉
腰腹肌群	1	10次/10次	俯卧屈髋跪姿、俯撑后仰姿
内收肌群	1	10次	仰卧弹力带单腿内收外展（腰背固定）
臀部肌群	1	30秒/30秒	仰卧双手抱膝上抬（臀大肌）、外旋屈膝（臀中肌、臀小肌）
股四头肌	1	30秒/30秒	侧卧—股四头肌/屈髋肌群拉伸
全身拉伸	1	8次	爬行+下蹲

二、训练课示例

不同阶段的训练课会有不同的训练目的，因此训练课训练重点、期待解决的问题等，要根据阶段目标来确定。本部分以提高最大力量为例，列举了以提高最大力量的训练课示例（表8-2-4）。

表8-2-4 训练课示例（最大力量）

模块	动作名称	组	负荷	动作要点
准备部分	棒球—脚底按摩	1	30秒	站姿，将重心缓慢移至棒球上，左右交替进行
	棒球—小腿后侧	1	30秒	半仰卧，双手撑地，将重心移至小腿后侧棒球上，左右交替进行
	棒球—大腿后侧	1	30秒	半仰卧，双手撑地，将重心移至大腿后侧棒球上，左右交替进行
	棒球—臀部	1	30秒	半仰卧，双手撑地，将重心移至臀部下侧棒球上
	棒球—肩背部	1	30秒	仰卧，将重心移至背部棒球上，同侧手臂做外展、上举、后伸
	泡沫轴—大腿前侧	1	30秒	俯卧，双手撑地，将重心移至泡沫轴上，大腿前后移动
	泡沫轴—大腿外侧	1	30秒	侧卧，单侧手肘撑地，将重心移至泡沫轴上，大腿前后移动
	泡沫轴—背部	1	30秒	仰卧，双手抱头，将重心置于背后部泡沫轴上，身体上下移动
	泡沫轴—臀部	1	30秒	半仰卧，双手撑地，将重心移至臀部下侧泡沫轴上
	屈背耸肩	1	3次	俯卧，双手撑地，双膝着地，弓背后放松收肩塌腰

第八章　青少年自行车运动员身体运动功能训练计划

（续表）

模块	动作名称	组	负荷	动作要点
准备部分	跪姿抱头转体	1	左右各2次	俯卧，双膝触地成跪姿，单手置于头后部，屈肘由头上方下转至胸内侧
	跪姿压肩	1	30秒	双膝触地成跪姿，上体前倾，双臂直臂置于体前，臀部后坐
	俯撑异侧起	1	左右各2次	俯桥，异侧手脚平起，身体成平板状，保持身体稳定
	仰卧异侧起	1	左右各2次	仰卧，四肢上举，异侧手脚同时下落
	俯桥登山步	1	左右各2次	俯卧，单腿屈膝触同侧手肘
	臀桥屈单腿	1	左右各2次	仰卧屈腿成臀桥，单腿屈膝抬起
	侧桥登山步	1	左右各2次	侧卧姿势，单肘支撑，单腿屈膝成登山步，保持身体稳定
	迷你带—内收外展	1	左右各10次	迷你带置于膝部稍上部位，两膝微屈自然分开，做原地内收外展动作
	迷你带—侧向移动	2	左右各6次	迷你带置于脚踝部位，两膝微屈自然分开，做行进间向左向右的移动
	迷你带—正向移动	2	左右各6次	迷你带置于脚踝部位，两膝微屈自然分开，做行进间正向向前的移动
	转体跳栏架	1	左右各1次	转体90°跳单个栏架、连续跳两个栏架、连续跳四个栏架，途中落地稳定
	双脚跳栏架	1	左右各1次	双脚交替跳单个栏架、连续跳两个栏架、连续跳四个栏架，途中落地稳定
	单脚跳栏架	1	左右各1次	单腿跳单个栏架，连续跳两个栏架，连续跳四个栏架，途中落地稳定
	跳起—原地摆臂快速小步跑	1	15秒	原地跳起后双脚稳定落地，臀部后坐，腹部紧张，原地快速摆臂小步跑

(续表)

模块	动作名称	组	负荷	动作要点
基本训练	最大力量训练 — 卧蹬	4	每组3次 负荷：95%RM	利用卧蹬架，半卧姿势，双脚蹬
	最大力量训练 — 弓步拉伸	3	左右各4次	弓步腿前倾，膝关节超过脚尖，后腿伸直拉伸，左右交替进行
	辅助力量训练 — 哑铃—仰卧屈腿轮推	2	左右各6次 男：20千克 女：15千克	仰卧，屈腿，双手持哑铃，直臂交替轮流推举
	辅助力量训练 — 俯桥	2	30秒	俯卧，双肘支撑，15秒后单臂前平举
	辅助力量训练 — 侧桥	2	30秒	侧卧，单肘支撑，15秒后手脚平举
	旋转力量训练 — 双手TRX转体	2	左右各8次	利用Door Anchor器械，侧卧姿势，单手握器械，利用腰部力量转体
	旋转力量训练 — 弓步抗阻双臂下拉	2	每组6次 男：50千克 女：46千克	弓步，身体稳定后，双手握器械下拉，过程中保持身体稳定
	旋转力量训练 — 弓步抗阻上拉劈	2	左右各8次 男：32千克 女：27千克	弓步姿势，前脚置于平衡垫上，沿体前上拉，腹前侧劈，反复进行此动作
放松练习	泡沫轴—大腿前侧	1	30秒	俯卧，双手撑地，将重心移至泡沫轴上，大腿前后移动
	泡沫轴—大腿后侧	1	30秒	半仰卧，双手撑地，将重心移至泡沫轴上，大腿前后移动
	泡沫轴—大腿外侧	1	30秒	侧卧，单侧手肘撑地，将重心移至泡沫轴上，大腿前后移动
	泡沫轴—臀部	1	30秒	半仰卧，单手撑地，将重心移至泡沫轴上，臀部前后移动
	泡沫轴—背部	1	30秒	仰卧，双手胸前交叉，将重心移至泡沫轴上，身体上下移动

（续表）

模块	动作名称	组	负荷	动作要点
放松练习	仰卧屈膝牵拉	1	左右各2次	仰卧，单腿屈膝至胸前数秒后直腿抬起至最大角度
	仰卧斜抱膝	1	左右各2次	仰卧，双手斜抱单膝，停顿数秒后放松，左右替进行
	侧卧胸椎牵拉	1	左右各3次	侧卧，单腿屈膝，双臂绕体前直臂划弧转肩至体后
	泡沫轴-弓步转体	1	左右各2次	弓步，泡沫轴置于颈后部，双臂屈肘于泡沫轴上，向弓步腿侧转体牵拉
	弓步体侧	1	左右各2次	弓步，单臂上举，以腰为轴向弓步腿侧做体侧运动

三、小周期训练计划示例

在训练实践中，运动队会根据训练需要组织小周期训练，一般会把小周期分为训练小周期、竞赛小周期、竞赛准备小周期、恢复小周期等。本部分以国家自行车队的基础训练小周期为例，列举了2周（表8-2-5）与3周（表8-2-6）的小周期计划。

表8-2-5　2周阶段训练计划（发展爆发力）

	训练日1		训练日2	
	第一周	第二周	第一周	第二周
	跳深练习		弓步蹲跳	
全身爆发力模块	5	5	5（每侧）	5（每侧）
	5	5	5（每侧）	5（每侧）
	5	5	5（每侧）	5（每侧）

（续表）

	训练日1		训练日2	
	第一周	第二周	第一周	第二周
主要与次要力量模块	六边形杠铃硬拉		卧蹬	
	5	5	5	5
	5	5	5	5
	5	5	5	5
	弓步蹲双臂下拉		仰卧交替推哑铃	
	6	4	6	4
	6	4	6	4
	6	4	6	4
旋转与稳定训练模块	TRX双手拉转体		TRX单臂快速拉转体	
	8	8	8	8
	8	8	8	8
	弓步下拉劈砍		弓步上拉劈砍	
	8	8	8	8
	8	8	8	8
	俯桥与侧桥		四足兽	
	8	8	8	8
	8	8	8	8
辅助力量模块	单腿罗马尼亚硬拉杠铃杆		单腿屈体站姿交替拉哑铃	
	5	4	5	4
	5	4	5	4
	弓步肩上交替推哑铃		仰卧臀桥单腿回拉	
	6	6	5	5
	6	6	5	5
	负重单腿蹲		人体锯	
	5	5	8	8
	5	5	8	8
	俯桥登山步		单腿臀桥起	
	8	8	30秒	30秒
	8	8	30秒	30秒

表8-2-6　3周阶段训练计划（发展最大力量）

	训练日1			训练日2			训练日3		
	第一周	第二周	第三周	第一周	第二周	第三周	第一周	第二周	第三周
主要与次要力量模块	六边形杠铃硬拉			仰卧交替推哑铃			卧蹬		
	6	4	4	6	4	4	6	4	4
	6	4	4	6	4	4	6	4	4
	6	4	4	6	4	4	6	4	4
	6	4	4	6	4	4	6	4	4
	弓步双臂下拉			后腿抬高式负重分腿蹲起			三点支撑屈体单臂拉		
	6	4	4	6	4	4	6	4	4
	6	4	4	6	4	4	6	4	4
	6	4	4	6	4	4	6	4	4
旋转与稳定训练模块	TRX俯卧撑单臂前推			TRX单臂拉转体			TRX双臂拉转体		
	8	8	8	8	8	8	8	8	8
	8	8	8	8	8	8	8	8	8
	弓步下拉劈砍			弓步下拉劈砍			跪姿横向抗阻平推		
	8	8	8	8	8	8	8	8	8
	8	8	8	8	8	8	8	8	8
辅助力量模块	单腿屈体罗马尼亚硬拉			单腿支撑屈体回拉哑铃			燕式平衡		
	6	4	4	6	4	4	6	4	4
	6	4	4	6	4	4	6	4	4
	弓步交替上推哑铃			双脚回拉瑞士球成臀桥			TRX后固定式俯卧撑		
	6	6	6	8	8	8	8	8	8
	6	6	6	8	8	8	8	8	8
	单腿蹲起			人体锯			持重后撤步成弓步		
	5	5	4	8	8	8	6	6	6
	5	5	4	8	8	8	6	6	6

参考文献

[1] 乔福瑞. 自行车训练圣经［M］. 徐瑞德，审定. 北京：北京大学出版社，2014.

[2] 国家体育总局青少年体育司，国家体育总局自行车击剑运动管理中心. 中国青少年自行车训练教学大纲［M］. 北京：北京体育大学出版社，2016.

[3] 香侬·索芬德尔. 自行车运动训练指南［M］. 茹秀英，等，译. 北京：北京体育大学出版社，2012.

[4] 香农·沙凡铎. 自行车运动训练指南：全面提升骑行表现的系统性训练［M］. 张建，译. 北京：人民邮电出版社，2018.

[5] 斯科特·兰卡斯特，拉杜·特奥多雷斯库. 青少年身体素质练习方法［M］. 史东林，郭丞，张建，译. 北京：人民邮电出版社，2017.

[6] 乔·麦克雷. 自行车骑行训练突破 基础体能训练指南［M］. 李昕亚，译. 北京：人民邮电出版社出版，2017.

[7] 国家体育总局训练局国家队体能训练中心. 身体功能训练动作手册［M］. 北京：人民体育出版社，2014.

[8] 康喜来，万炳军. 青少年运动训练原理与方法［M］. 西安：陕西师范大学出版社，2012.

[9] 延烽，赵志英，郑晓鸿. 青少年运动训练100问［M］. 南京：河海大学出版社，2000.

[10] 杨世勇，唐照华，李遵，等. 体能训练学［M］. 成都：四川科学技术出版社，2001.

[11] 杨世勇. 体能训练［M］. 北京：高等教育出版社，2013.

[12] 尹军，袁守龙. 身体运动功能训练［M］. 北京：高等教育出版社，2015.

[13] 李鸿江. 青少年体能锻炼［M］. 北京：高等教育出版社，2007.

[14] 李建臣，任保国. 青少年体能锻炼与体质健康［M］. 北京：化学工业出版社，2014.

[15] 刘大庆. 运动员竞技能力结构特点与基础训练方法［M］. 北京：北京体育大学出版社，2006.

致谢

对参加本项目照片拍摄的动作模特表示感谢！他们分别是侯帅辉、张建、王旭、陈亚中、张鹏超。

感谢锐克公司及北京分公司对本书动作示范模特提供服装与装备赞助，使得本书中的图片以统一和美观的形式呈现给读者。

在本书的写作中，首都体育学院的尹军教授、郑晓鸿教授提供了有力的技术支持，在此表示诚挚的感谢！

后期图片整理工作由首都体育学院研究生完成，他们分别是田河超、王存宽、傅浩、崔小正、吴金柳、彭显、彭治超等，在此也表示感谢！